traffic space = public space

traffic space = public space

Ein Handbuch zur Transformation
A Handbook for Transformation

Stefan Bendiks,
Aglaée Degros

PARK BOOKS

PEDESTRE PEDESTRE

Situation: before and after Project: Cidade da Gente Dragão do Mar Location: Fortaleza, Ceara, Brazil

Inhalt — Contents

Dieses Buch ist ein Beitrag zum Metier des Städtebaus, ein kleines Handbuch, welches das Ergebnis der praktischen Arbeit im öffentlichen Raum ist. Es geht nicht darum, eine Theorie über öffentliche Räume oder ein Dogma in Bezug auf Verkehrsräume zu entwickeln, sondern ein paar Tricks und Einsichten aus dem Berufsalltag weiterzugeben, um die Stadt und ihr Umfeld zu einem angenehmeren Ort zum Leben zu machen. In diesem Sinn vermittelt dieses Buch Wertschätzung für das konkrete Wissen, für eine listige, trickreiche Klugheit, die aus dem praktischen Handeln heraus entsteht und von den Griechen *metis* genannt wurde. *Metis* impliziert das Ergebnis der Kombination von Intuition, Scharfsinn und Improvisationsgabe.[1] Es handelt sich um eine Klugheit, die von den Philosophen in den Hintergrund gedrängt wurde und dennoch im Laufe der Geschichte in verschiedenen Disziplinen immer wieder auftauchte: etwa bei Clausewitz in seiner Abhandlung *Vom Kriege*[2] oder bei Certeau in seinem Werk über den Alltag[3].

Aber wahrscheinlich ist uns das Beispiel der Revolution des Hochsprungs durch Dick Fosbury in Form des „Fosbury-Flops“ am nächsten. Es zeigt auf perfekte Weise, wie *metis* bei der Aufwertung der Verkehrsräume eingebracht werden kann: Es geht darum, seine eigene Disziplin so perfekt zu beherrschen, dass man einzig und allein durch den klugen Kunstgriff einer veränderten Vorgangsweise in einem existierenden Regelsystem in der Lage ist, dieses abzuändern und die ganze Disziplin zu revolutionieren.

This book is a contribution to the profession of urban design, a small manual resulting from practical work in the public space. The aim was not to develop a theory of public spaces or a dogma relating to traffic space, but rather to pass on a few tricks and insights from our practice in order to make the city and its sorroundings a better place to live. This book therefore celebrates know-how, which the Greeks termed *metis*—a combination of wisdom and cunning arising from practical experience. *Metis* implies a combination of intuition, acumen, and ability to improvise.[1] Philosophers made this type of intelligence take a back seat, but it nevertheless continued to appear in various disciplines throughout history. In Clausewitz's treatise *On War*[2], for example, or in Certeau's work on everyday life[3].

But the closest example is probably that of the revolution of the high jump by Dick Fosbury and his Fosbury Flop. It is about possessing such a high level of skill in your discipline that it is possible to cleverly change an approach within an existing system in such a way that this system is altered completely, and the entire discipline is revolutionized. By analogy, *metis* can be used in the upgrading of traffic spaces.

---

1 – Detienne, M. / Vernant, J.P., *Les ruses de l'intelligence «la métis des Grecs»,* Paris 1974

2 – Clausewitz von, C., *Vom Kriege,* Hamburg 2008 [1832]

3 – De Certeau, M., *L'Invention du quotidien,* Paris, 1990 [1980]

Postulat

Postulate

Das Postulat im Laufe der Geschichte

Es ist zwar nicht neu, dass Verkehrsräume öffentliche Räume sind, allerdings gerät das angesichts der großen Bedeutung, die die Verkehrsplanung im Lauf der Zeit gegenüber der Stadtplanung gewonnen hat, manchmal in Vergessenheit. Dennoch wurde eine umfassende Vision von Infrastruktur, Raum und Umwelt schon vor langer Zeit konzipiert, diskutiert und umgesetzt. Ist ein *Parkway* nicht eine Kontextualisierung in der Landschaft einer Autobahn und ein *Close* nicht eine räumliche Gestaltung einer Sackgasse?[1] – Elemente, aus denen einige der einprägsamsten urbanen Umgebungen entstanden sind, die Städte noch heute bestimmen.

Das Straßendorf

Im regionalen Maßstab stellt Leonardo Benevolo die Lage deutscher Städte und das Netz an Straßenverbindungen um 1200 in einen Zusammenhang.[2] Die Städte liegen allesamt an Verkehrsknotenpunkten. Auf einer Karte – bestehend aus gestrichelten Verkehrswegen und in Form von schwarzen Punkten dargestellten Städten – wird die Wechselwirkung zwischen Infrastruktur und Stadtentwicklung auf Ebene der territorialen Strukturen beleuchtet.

Im selben Werk präsentiert Benevolo auch die Abbildung zweier Ortschaften in der englischen Grafschaft Essex und stellt einen direkten Bezug zwischen Straßeninfrastruktur und der an sie angrenzenden Parzellenstruktur her. Man sieht, wie die agrarischen Längsstrukturen in der Landschaft durch die bebauten Parzellen der quer dazu verlaufenden Straße deutlich unterbrochen werden. Die an die Infrastruktur angrenzende Parzellenstruktur sowie die Umformung des Straßenraums durch die Bebauung legen es nahe, die Infrastruktur und die Gebäude als räumliche Einheit zu betrachten.

Der Haussmann'sche Boulevard

Ein Paradebeispiel einer urbanen Typologie, die aus Infrastruktur hervorgegangen ist, ist zweifellos der von Haussmann entworfene und von Philippe Panerai und Jean Castex unter dem Titel „Le Paris Haussmannien 1853–1882" beschriebene Boulevard.[3] Dieser wurde

The postulate throughout history

That traffic spaces are public spaces is nothing new. However, this is often forgotten due to the importance that has been given to traffic planning over the years—at the expense of urban planning. And yet, a comprehensive vision of infrastructure, space, and environment has been designed, discussed, and implemented for some time. Is a parkway not a contextualization of a highway in the landscape and a close not spatial design of a dead end street?[1] Such elements have resulted in some of the most memorable urban spaces of all, which continue to shape our cities today.

The roadside village

Around 1200, Leonardo Benevolo contextualizes the location of German towns and the network of road links.[2] The towns are all situated at traffic junctions. A map, made up of lines denoting traffic routes and black dots representing towns, highlights the interdependence between infrastructure and urban development on the level of territorial structures.

In the same work, Benevolo also provides an illustration of two built-up areas in the English county of Essex. He finds a direct connection between road infrastructure and the neighboring division of land. The agricultural lengthwise structures in the landscape are clearly interrupted by built-up plots belonging to streets stretching at right angles to the land. The structure of plots adjacent to the infrastructure and the transformation of the road space by the development make it a logical choice to view infrastructure and buildings as a spatial unit.

The roadside village

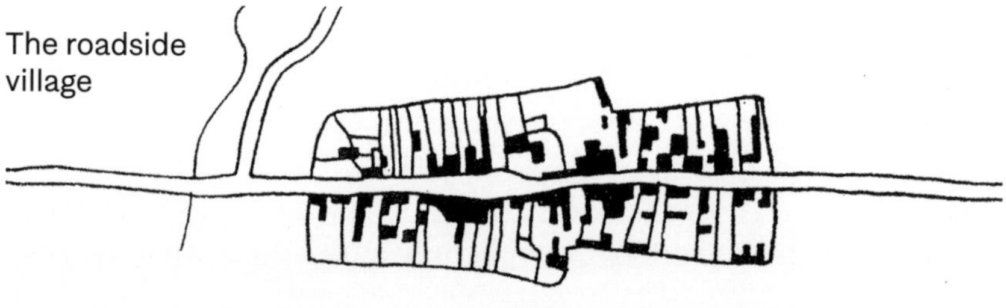

zunächst als Werkzeug der städtischen Erneuerung verstanden und sah vor, Schneisen durch die bestehende Stadtstruktur zu schlagen und dadurch verschiedene Einrichtungen (Oper, Bahnhof etc.) miteinander zu verbinden. In Folge machte er auch die Schaffung groß dimensionierter öffentlicher Räume möglich – städtischer Promenaden, in denen sich das soziale Leben des neuen Bürgertums abspielte und wo mit Gas- und Abwasserleitungen auch technische Neuerungen der damaligen Zeit integriert wurden. Die Straße als Verkehrsinfrastruktur trug somit auch zur Verbesserung des städtischen Metabolismus bei. Überdies verleiht der Boulevard mit dem „Haussmann'schen Baublock" nicht nur einer neuen städtischen Morphologie Ausdruck, sondern bringt mit dem „Haussmann'schen Wohnhaus" außerdem eine neue Gebäudetypologie hervor.

The Haussmannian boulevard

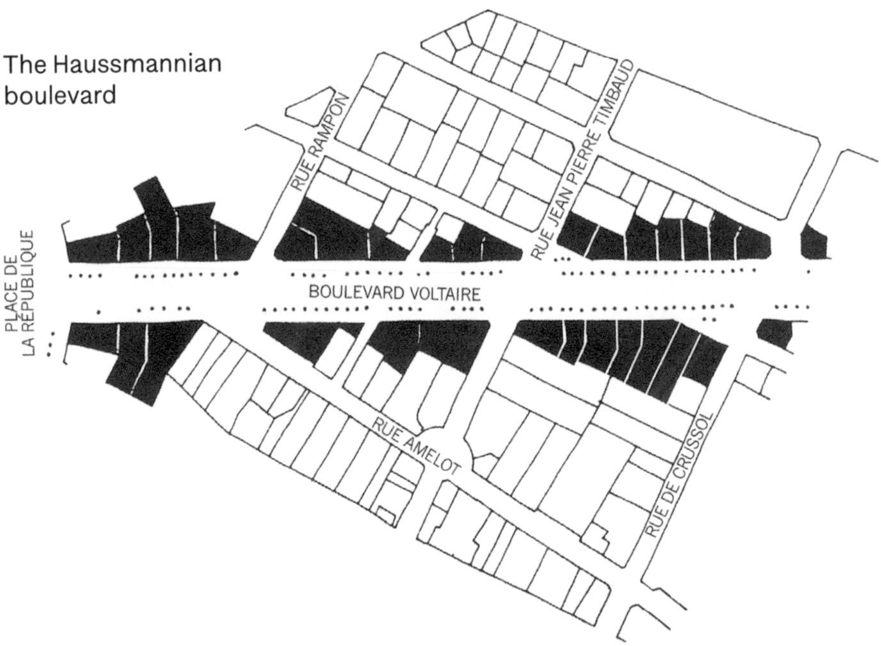

The view from the road

Eine Verbindung zwischen Landschaft und Infrastruktur entwickelten bereits Frederick Law Olmsted und Robert Moses, die Ende des 19. bzw. Anfang des 20. Jh. den „Emerald Necklace" in Boston bzw. die New Yorker Parkways entwarfen. Der Bauingenieur Fritz Todt und der Landschaftsarchitekt Alwin Seifert gingen dann beim Bau der deutschen Autobahnen über die technokratische Sichtweise von Infrastruktur noch hinaus und schufen damit nicht nur die Voraussetzung für Truppenbewegungen (was auch für den Boulevard Haussmann gilt[4]), sondern ermöglichten es den Nutzern der Auto-

The Haussmannian boulevard

A prime example of an urban typology that arose from infrastructure is the Parisian boulevard designed by Haussmann and described by Philippe Panerai and Jean Castex in "Le Paris Haussmannien 1853–1882".[3] It was initially seen as a tool for urban regeneration and used to cut through the existing urban structure to connect various facilities (opera, train station, etc.). The boulevard subsequently made it possible to create large-scale public spaces—urban promenades where the social life of the new bourgeoisie played out, and where gas pipes and sewers integrated the technical advancements of the time into the city. The road as traffic infrastructure therefore also contributed to the improvement of the urban metabolism. Furthermore, the Haussmann street block found on the boulevard not only expressed a new urban morphology, but also introduced a new building typology—Haussmann apartment buildings.

The view from the road

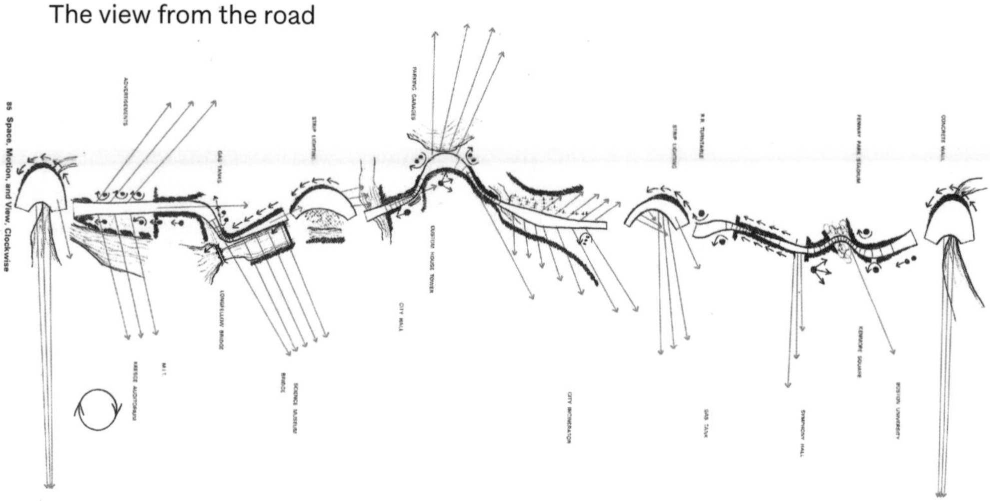

The view from the road

At the end of the 19th century and beginning of the 20th, Frederick Law Olmsted and Robert Moses were already connecting landscape with infrastructure. It was at this time that they designed the "Emerald Necklace" in Boston and the New York parkways. In Germany, construction engineer Fritz Todt and landscape architect Alwin Seifert went beyond a purely technocratic approach to infrastructure when constructing the Autobahn. They not only fulfilled requirements for troop movements (which was also the case with the Haussmann

bahn auch, die Schönheit ihrer „deutschen Heimat" im wahrsten Sinne des Wortes zu „erfahren". Die ersten Autobahntrassen wurden so konzipiert, dass sie an malerischen Aussichtspunkten vorbei führten, dass Brücken Blicke in die Landschaft rahmten oder dass ihr Verlauf Seen tangierte, wie etwa die A8 entlang dem Chiemsee.[5] Allerdings waren es Kevin Lynch, Donald Appleyard und John R. Myer, die in ihrem 1965 erschienen Buch *The View from the Road*[6] ein Diagramm und eine Methode entwickelten, um das Verhältnis zwischen durchquerter Landschaft und Infrastruktur vom Standpunkt des Nutzers des Verkehrsraums aus zu beschreiben.

Der Las Vegas Strip

Ähnlich wie Kevin Lynch beschreiben bzw. analysieren auch Denise Scott Brown, Robert Venturi und Steven Izenour in ihrem 1972 erschienenen Buch *Learning from Las Vegas* die Beziehung zwischen automobilem Verkehrsraum und der daraus hervorgehenden Gebäudelandschaft. Sie vergleichen den Nolli-Plan für Rom mit jenem von Las Vegas und betrachten den Straßenraum als öffentlichen Raum, der gleichermaßen von Gebäuden und Werbeflächen („Billboards") gesäumt wird. Ihrer Meinung nach nimmt die Stadt durch die Straße und ausgehend von ihr Gestalt an, wobei es eine ständige Präsenz visueller Systeme gibt, die aus dem Inneren von Fahrzeugen sichtbar sind und auch dafür geschaffen wurden.

„Mitten durch Las Vegas führt die Nationalstraße 91, das Urbild des Geschäfts-Strip, die reinste und intensivste Verwirklichung dieses Phänomens. Wir sind der Meinung, daß eine sorgfältige Bestandsaufnahme und Analyse seiner physischen Formen für die Stadtplaner und Architekten heute genauso wichtig ist wie vormals das Studium der Werke des mittelalterlichen Europa, des antiken Rom und Griechenlands für die früheren Generationen. Die Studie kann vielleicht dazu beitragen, den neuen Typus städtischer Formen näher zu bestimmen, der sich gegenwärtig in Amerika und Europa herausbildet und der sich grundlegend von allem unterscheidet, was wir bisher gekannt haben. [...]"[7]

boulevard[4]), but also enabled Autobahn users to savor the beauty of their "German Heimat". The first sections of the Autobahn were designed to pass scenic viewing points, with bridges framing views of the landscape and sections deliberately laid to snake past lakes, such as the A8 along Lake Chiemsee.[5] But Kevin Lynch, Donald Appleyard, and John R. Myer were the first to develop a diagram and method for describing the relationship between traversed landscapes and infrastructure from the perspective of the road user in *The View from the Road*[6], published in 1965.

The Las Vegas strip

In their book *Learning from Las Vegas*, published in 1972, Denise Scott Brown, Robert Venturi, and Steven Izenour describe and analyze the relationship between traffic space and the resulting built landscape in a similar way to Kevin Lynch. They compare the Nolli Map of Rome with that of Las Vegas and approach the road space as public space, which is lined with both buildings and billboards. They believe that roads give a city its shape, although they are surrounded by omnipresent visual systems created to be seen from within the vehicles.

"Passing through Las Vegas is Route 91, the archetype of the commercial strip, the phenomenon at its purest and most intense. We believe a careful documentation and analysis of its physical form is as important to architects and urbanists today as were the studies of medieval Europe and ancient Rome and Greece to earlier generations. Such a study will help to define a new type of urban form emerging in America and Europe, radically different from that we have known; [...]"[7]

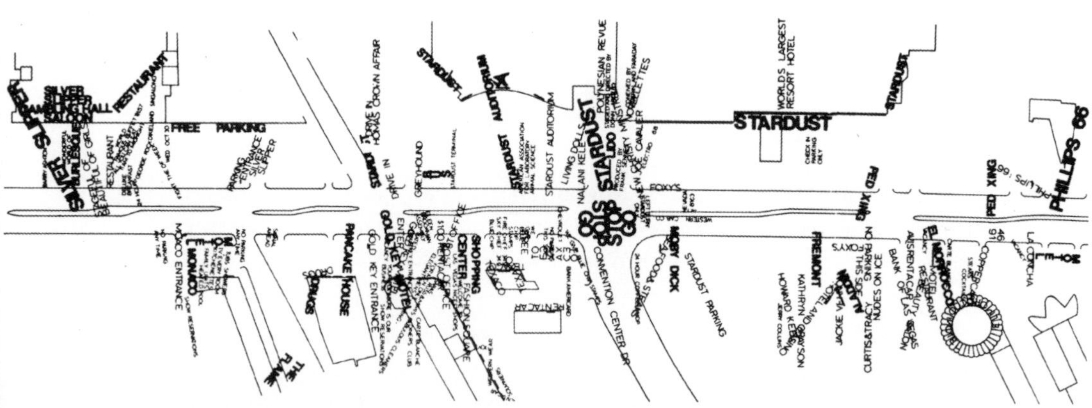

The Las Vegas strip

Das Potenzial des Postulats (für den periurbanen Raum)

Die Stadt ist ein ständig im Wandel begriffener Raum[8], auf den zumindest im Augenblick starke „Zentrifugalkräfte“ wirken.[9] In vielen europäischen Städten werden Haushalte mittleren Einkommens durch die Wohnungsspekulation aus dem Zentrum verdrängt und sind gezwungen, sich im periurbanen Bereich niederzulassen. Die vorherige Generation war noch gerne und freiwillig aus der Stadt oder dem ländlichen Raum abgewandert, um sich in der Peripherie niederzulassen und dort einen periburbanen Lebensstil auf eigenem Grundstück mit guter Anbindung an die Autoinfrastruktur zu zelebrieren. Die jetzige Generation schätzt dagegen die Vorteile des Lebens in der Stadt, hat aber nicht mehr die finanziellen Mittel, um hier wohnen zu können.[10] Die Menschen, die heute in den periurbanen Bereich abwandern, sind also weniger auf der Suche nach einem eigenen Stückchen Grund, wo sie ihr „Traumhaus“ bauen können, sondern wünschen sich ein Lebensumfeld in dem Mobilitäts- und Gemeinschaftsräume ein Ganzes formen. Sie wollen vor allem verbunden sein mit dem gesellschaftlichen Leben.

Das Postulat, Verkehrsräume als wirkliche öffentliche Orte zu betrachten, ist in der städtischen Peripherie eines der großen Potenziale für das gesellschaftliche Leben. Die Idee einer Verdichtung des periurbanen Raums beschränkt sich somit nicht nur auf eine Veränderung hin zu kompakteren Gebäudetypologien und städtischen Morphologien mit einem besseren Verhältnis von unbebautem zu verbautem Raum. Es geht vor allem auch um eine allgemeine Stärkung der Periurbanität, die sich in der Entwicklung charakteristischer kollektiver oder öffentlicher Räume äußert, wie sie auch im urbanen Bereich existieren.

Das Periurbane wird bei diesem Ansatz zu einem konstituierenden Bestandteil der Stadt. Seine Umgestaltung erfordert eine veränderte Art und Weise der Urbanisierung, die dem Periurbanen Gestalt verleiht. Die Grundlage der urbanen Struktur besteht nicht mehr in einer Aneinanderreihung von Einzelparzellen, die durch automobile Infrastruktur miteinander verbunden sind, wie es bei der Entstehung des *Urban Sprawl* der Fall war. Die derzeit erforderliche Urbanisierung und Verdichtung der städtischen Peripherie muss sich auf die

The potential of the postulate (for the peri-urban space)

The city is a space of constant change[8], where, at the moment at least, centrifugal forces are at work.[9] In numerous European cities, middle-income households are being driven out of the center by housing speculation and forced to settle in the peri-urban area. The previous generation was still migrating out of the city or out of the country on a voluntary basis in order to settle in the periphery and enjoy a peri-urban lifestyle on their own plot of land connected to the road network. In contrast, the current generation values the advantages of living in the city, but no longer has the financial resources to be able to live there.[10] Those who now move to the peri-urban area are less looking for their own piece of land on which to build their dream home, but rather want a living environment where mobility and social space form a whole. Above all, they want to be connected with society.

The postulate of viewing traffic spaces as real public spaces represents one of the largest sources of potential for social life on the urban periphery. The idea of densification in the peri-urban space is therefore not limited to a change towards more compact building typologies and towards urban morphologies with a better relationship between undeveloped and built space. An important aspect is also a general strengthening of the peri-urban area by developing characteristic collective or public spaces, as found in urban areas.

When following this approach, peri-urban areas become a constituent part of the city. Its transformation requires urbanization, which gives peri-urban areas their shape, to be undertaken in a different way. The urban structure is no longer based on a stringing together of individual plots connected by traffic infrastructure, as was the case with urban sprawl. When undertaking the urbanization and densification of the urban periphery currently necessary, it is important to focus on creating shared values and spaces by appropriating suitable places where possible and cleverly integrating them into the existing fabric of the area.

Schaffung von gemeinsamen Werten und Räumen konzentrieren, indem sie sich diese dort aneignet, wo es möglich ist, und sie klug in das bereits bestehende Gewebe einfügt.

Die Relevanz des Postulats

Auch wenn es manchmal in Vergessenheit geraten mag, sind Verkehrsräume doch vor allem auch öffentliche Räume. Postkarten aus den 1960er Jahren, auf denen die Brüsseler Grand-Place – eines der schönsten architektonischen Ensembles in Europa – mit Fahrzeugen vollgeparkt ist, muten mitunter amüsant an. Allerdings sind auch heute noch die meisten unserer öffentlichen Räume so gestaltet, dass das Auto darin eine vorrangige Stellung einnimmt. Zwar definiert sich der öffentliche Raum eigentlich nicht dadurch, dass dort private Gegenstände (Autos oder Fahrräder) abgestellt werden oder er von einem bestimmten Nutzertyp (Autofahrer) dominiert wird. Tatsächlich wird er aber nur selten als ein allen zur Verfügung stehender Ort der kollektiven Begegnung und des Austauschs wahrgenommen bzw. als solcher behandelt.

Betrachtet man die öffentlichen Räume von Fassade zu Fassade als Räume, die von verschiedenen Nutzern geteilt werden, und steht dabei die Lebensqualität im Vordergrund, so hat aktive Mobilität (Radfahren und Zufußgehen) dort mindestens genauso ihren Platz wie passive Mobilität (Öffentlicher Personen-Nahverkehr und Automobilität).

Definition des öffentlichen Raums

Ali Madanipour und Han Meyer, Städtebauprofessoren und Spezialisten für den öffentlichen Raum, definieren letzteren in ihren Werken als „Ort, an dem verschiedene Ströme aufeinandertreffen"[11] bzw. als „einen Ort, der materiellen und immateriellen Austausch ermöglicht"[12] und über die Privatsphäre hinausreicht. Jane Jacobs und William H. Whyte haben bereits darauf hingewiesen, dass bestimmte Bedingungen, wie etwa die Aneignung des Raums durch unterschiedliche Nutzergruppen, erfüllt sein müssen, damit der private Raum überschritten wird und es zu einem Austausch bzw. einer Begegnung

The relevance of the postulate

Even though this is sometimes forgotten, traffic spaces are also public spaces. Postcards from the 1960s showing the Grand Place in Brussels (one of the most beautiful architectonic ensembles in Europe) filled with parked cars, seem almost amusing. But even today, most of our public spaces are designed to give prime position to the car. The public space might not be defined as a place to park personal possessions (cars or bikes) or one dominated by a particular type of user (drivers). But in reality, it is a rarity for it to be perceived or treated as a place for everyone to use as a meeting point and place for exchange.

If public spaces, from façade to façade, are seen as spaces shared by different users—and if quality of life is a priority—then they are just as much (if not more so) home to active mobility (cycling and walking) as to passive mobility (public transport and cars).

Definition of the public space

Ali Madanipour and Han Meyer, professors of urban design and specialists for the public space, define the latter as a place where different flows meet[11] or a place that enables material and immaterial exchange and goes beyond the private sphere[12]. Jane Jacobs and William H. Whyte already told us that certain preconditions must be met to make it possible to move beyond the private space and engage in exchange or interaction.[13] As highlighted by Jan Gehl[14], the public space has been generally accepted when the functions of meeting, trade, and traffic come together. The idea of public space being a place of negotiation between these three public activities has its roots in the urbanism of the 1970s.

The traditional town or city, where trade, interaction, and traffic existed alongside each other as functions of equal weighting, entered a period of transition. Trade was suppressed by shopping and meeting places took a back seat to virtual media. Arnold Reijndorp[15] explains this development with the concept of parochialization or appropriation of spaces by certain population groups. In terms of traffic, it is clear that, for over 50 years, the public space has been dominated by motorized traffic, with less and less space being allocated to other road users, whether pedestrians or cyclists.

kommen kann.[13] Wie Jan Gehl unterstreicht, entsteht die allgemeine Akzeptanz des öffentlichen Raums ganz einfach im Zusammenspiel zwischen den Funktionen Begegnung, Handel und Verkehr.[14] Dass der Raum ein Ort der Verhandlung zwischen diesen drei öffentlichen Aktivitäten ist, hat seine Wurzeln im Städtebau der 1970er Jahre. Die traditionelle Stadt, in der Handel, Begegnung und Verkehr als gleichberechtigte Funktionen nebeneinander existierten, ist im Umbruch; Handel wird von Shopping verdrängt und Begegnung von virtuellen Medien. Arnold Reijndorp[15] erklärt diesen Umbruch mit der „Parochialisation" oder Aneignung von Räumen durch gewisse Bevölkerungsgruppen. In Bezug auf den Verkehr kann man feststellen, dass seit mehr als 50 Jahren der öffentliche Raum vom motorisierten Verkehr dominiert und anderen Verkehrsteilnehmern – seien es Fußgänger oder Radfahrer – immer weniger Platz eingeräumt wird.

Hin zu einer Neuverteilung des öffentlichen Raums

Um eine bessere Verteilung des öffentlichen Raums unter seinen Nutzern zu gewährleisten, ist es notwendig, diesen anders zu konzipieren. Oberste Priorität muss dabei der in diesem Raum geschaffenen Lebensqualität zukommen – noch vor anderen Aspekten wie z.B. wirtschaftlichen, die bis dato ähnlich dominant waren wie der Automobilverkehr. Mehrere Städte – etwa Antwerpen (Draaiboek openbaar domein), Barcelona (Manual de Criteris per la Definició, Programació, Intervenció i Gestió Integral de l'Espai Públic Municipal), Bordeaux (Guide de conception des espaces publics communautaires) und Rotterdam (Handboek Openbare Ruimte Rotterdamse Stijl) – haben die Bedeutung einer zukunftsfähigen Stadtentwicklung erkannt und in den letzten Jahren Leitfäden für die Gestaltung des öffentlichen Raums ausgearbeitet, um der Komplexität der dort vorherrschenden Interessen besser gerecht zu werden und einen nachhaltigeren Ansatz zur Aufteilung des Raums unter seinen Nutzern zu entwickeln. In diese neue Sichtweise werden die verschiedenen Verkehrsströme – Fußgängerinnen, Radfahrer und Fahrzeuge – integriert. Diese stellen für die Gestaltung des Raums allerdings keine fixe Größe dar, sondern werden auf flexible Art und Weise betrachtet – der Verkehr und die Verkehrsplanung dominieren den Raum nicht mehr. So empfiehlt etwa das Vademecum für den öffentlichen Raum der Stadt Brüssel die Nutzung von Straßen im Umkreis von Schulen, wie etwa die Rue de la Braie, nach Tageszeiten aufzuteilen, d.h. Fußgängern und Radfahrerinnen tagsüber Vorrang zu geben und den Autoverkehr auf jene Zeiten zu beschränken, an denen kein Schulbetrieb stattfindet. Das soll einen öffentlichen Raum ermöglichen, der vor allem der Begegnung, dem Austausch und dem Spiel dient.

Moving towards a redistribution of public space

Public space must be planned differently to ensure a better distribution between its users. Here, top priority must be given to the quality of life created within this space. This aspect must be put before economic issues, which have, up until now, dominated in a similar manner to vehicles. Several cities have recognized the importance of sustainable urban development and, over the last few years, have created guidelines for the design of public spaces. Examples include Antwerp (Draaiboek openbaar domein), Barcelona (Manual de Criteris per la Definició, Programació, Intervenció i Gestió Integral de l'Espai Públic Municipal), Bordeaux (Guide de conception des espaces publics communautaires), Rotterdam (Handboek Openbare Ruimte Rotterdamse Stijl), and Zurich (Strategie Stadträume). Such guidelines enable the cities to better address the complexity of prevailing interests and to develop a more sustainable approach to the division of space between its users. This new way of thinking about public space integrates different traffic flows, such as pedestrians, cyclists, and vehicles. However, when designing the space the weighting of these different elements is not set in stone. This is a flexible approach, where traffic and traffic planning no longer dominate the space. For example, the vade mecum for public space in Brussels recommends that the use of roads in the vicinity of schools, such as Rue de la Braie, should be changed according to the time of day. Pedestrians and cyclists should be given priority in the day and vehicle traffic should be limited to times when schools are closed. The aim is to enable the creation of a public space that primarily serves as a place of interaction, exchange, and play.

Active mobility

These innovative design principles for public space require traffic flows passing through these areas to have a certain degree of informality and to contribute to an increased quality of life in urban areas. Cyclists and pedestrians bring both of these desired characteristics. These two ways of travelling are summarized under the term “active mobility” (in contrast to “passive mobility”). They not only encourage people to stay active, with the use of human energy[16] rather than fossil fuels contributing to a reduction in air pollution, but also promote social intelligence. After all, active mobility is based on interaction between road users and makes it possible to further negotiate traffic regulations. It adapts easily and simply to the surroundings, whereas passive mobility requires drastic interventions that do not necessarily help to improve the quality of public space.

Aktive Mobilität

Für diese neuartigen Gestaltungsprinzipien des öffentlichen Raums ist es notwendig, dass die ihn durchfließenden Verkehrsströme eine gewisse Flexibilität aufweisen und zugleich zur Steigerung der Lebensqualität im städtischen Raum beitragen. Fahrradfahren und Zufußgehen haben diese beiden gewünschten Eigenschaften. Beide Fortbewegungsarten werden unter dem Begriff „aktive Mobilität" zusammengefasst (im Gegensatz zur sogenannten „passiven Mobilität"). Sie regen nicht nur zur Bewegung an – wobei der Einsatz von menschlicher[16] anstelle von fossiler Energie auch einen Beitrag zur Reduzierung der Luftverschmutzung leistet –, sondern fördern auch die soziale Intelligenz, da sie auf der Interaktion zwischen Verkehrsteilnehmern beruhen und ein weitergehendes Ausverhandeln von Verkehrsregeln ermöglichen. Aktive Mobilität hat die Eigenschaft, sich unkompliziert in die Umgebung einzufügen, während passive Mobilität Eingriffe mit sich bringt, die nicht immer zur Verbesserung der Qualität des öffentlichen Raums beitragen.

Ein Beispiel für diese Flexibilität ist die neu gestaltete Place Dumon in Brüssel. Der Raum von Fassade zu Fassade wurde nicht nur vollständig von parkenden Fahrzeugen befreit, sondern auch von jeglichem überflüssigen Mobiliar. Der zentrale Raum des Platzes dient nicht nur dem Konsum, sondern vor allem der Begegnung, dem Spiel und für diverse Veranstaltungen. Rund um diesen Raum – geschützt durch eine Einfassung, die auch als Sitzgelegenheit ohne Konsumzwang benutzt werden kann – wird die passive Mobilität (Autos und Straßenbahn) auf einer Fahrspur zusammengefasst, wohingegen aktive Verkehrsteilnehmer wie Radfahrer und Fußgänger den ganzen restlichen Raum frei nutzen können.

Zeitenwende

An (teil)autonomer passiver Mobilität wird inzwischen seit über einem Jahrzehnt intensiv gearbeitet und ihre Einführung scheint sich mit großen Schritten zu nähern. Die Steuerung dieser Fortbewegungsmittel erfolgt durch Sensoren und Algorithmen, die bis dato jedoch nur dann Sicherheit gewährleisten können, wenn keine unerwarteten Ereignisse eintreten. Es ist davon auszugehen, dass auch in absehbarer Zeit die gemeinsame Nutzung des öffentlichen Raums von robotisierten Fahrzeugen und Menschen ein großes Konfliktpotenzial in sich birgt. In einem kürzlich erschienenen Artikel über die Verlagerung der Verantwortung für die Verkehrssicherheit weg von den Autofahrern hin zu den Fußgängern beschreibt der Journalist Jordan Fraade das Beispiel der sogenannten „petextrians" (Personen, die beim Gehen Textnachrichten schreiben) und die Verbote, die dagegen

One example of this flexibility is the refurbished Dumon Square in Brussels. From façade to façade, the space was completely freed of parked vehicles and all unnecessary objects. The square's central space is not simply for consumerism—it primarily creates a meeting area, a space for play, and for various events. A border that also provides public seating surrounds the space and passive mobility vehicles (cars and trams) share a lane, while active road users, such as cyclists and pedestrians, are free to use the rest of the square.

A new era

For over a decade, there has been intensive work on the development of autonomous and partially autonomous passive mobility. And its introduction seems to be quickly approaching. These vehicles are controlled using sensors and algorithms, however, up until now, safety can only be guaranteed if there are no unexpected events. The sharing of public space by robotic vehicles and people is likely to be a large source of potential conflict in the near future. In a recently published article on the shift of responsibility for safety in traffic space away from motorists towards pedestrians, journalist Jordan Fraade brings the example of so-called "petextrians" (pedestrians who write text messages while walking) and the bans on this behavior in several cities.[17] Fraade sees such measures as harbingers of a general ban on the leisurely stroll, on the flâneur—with the aim of facilitating the development of self-driving cars. In fact, back in the 1930s, there were campaigns against jaywalkers in order to prevent interruptions to traffic, thus protecting the interests of the car industry. Professor Adam Millard-Ball follows a similar thought process and sees today as a time of historic momentum in the history of mobility. Taking the shift of responsibility from driver to manufacturer and the context of the emergence of self-driving cars as a starting point, he identifies three possible scenarios:

1. There is no autonomous mobility in the city.
2. There is autonomous mobility in the city and changes in law result in increasing restrictions for cyclists and pedestrians.
3. There is autonomous mobility in the city but active mobility is given priority.[18]

Autonomous driving means that responsibility for safety no longer lies with the driver, but with the manufacturer. This will result in the car industry no longer focussing on the freedom of driving but rather on an extremely high level of safety. The enormous risks that come with this responsibility are also one reason for the delay

in mehreren Städten ausgesprochen wurden.[17] Fraade erachtet derartige Maßnahmen als Vorboten eines generellen Flanierverbots, das die Entwicklung selbstfahrender Autos ermöglichen soll. (Bereits in den 1930er Jahren hatte es regelrechte Kampagnen gegen „Jay Walkers“ gegeben, um im Interesse der Autoindustrie einen ungestörten motorisierten Verkehr zu gewährleisten.) Professor Adam Millard-Ball verfolgt einen ähnlichen Gedankengang und betrachtet die heutige Zeit als historisches Momentum in der Mobilitätsgeschichte. Ausgehend von der Verlagerung der Sicherheitsverantwortung vom Fahrer hin zum Produzenten im Zuge der Verbreitung selbstfahrender Autos zeigt er drei mögliche Szenarien auf:

1. Es gibt keine autonome Mobilität in der Stadt.
2. Es gibt autonome Mobilität in der Stadt und es kommt zu Gesetzesänderungen, die mit zunehmenden Einschränkungen für Radfahrer und Fußgänger einhergehen.
3. Es gibt autonome Mobilität in der Stadt, aber die Vorherrschaft aktiver Mobilität wird gewährleistet.[18]

Da beim autonomen Fahren die Verantwortung für die Sicherheit nicht mehr beim Fahrer, sondern beim Produzenten liegt, wird sich der Fokus der Automobilindustrie weg von der „Freiheit des Fahrens“ hin zu einem extrem hohen Sicherheitsanspruch verschieben. Die enormen Risiken, die mit dieser Verantwortung einhergehen, sind auch einer der Gründe für die Verzögerung der Einführung autonomer Mobilität in der Stadt. Sollte es tatsächlich zur Umsetzung von Szenario 3 kommen, bei dem autonome Fahrzeuge höchste Rücksicht auf aktive Verkehrsteilnehmer nehmen müssen, dann kommen Fußgänger und Radfahrerinnen wieder zu ihrem Recht, sich unbesorgt und ohne Einschränkungen durch die Stadt bewegen zu können.

Wiederaneignung des Raums

Dieses dritte Szenario macht deutlich, wie sich durch einen Paradigmenwechsel heutiger Verkehrsraum wieder als echter öffentlicher Raum von Fassade zu Fassade begreifen lässt. Der Verkehrsraum wird darin nämlich nicht einfach unter dem Gesichtspunkt der Effizienz betrachtet, um schnell von A nach B zu kommen, sondern als ein Element verstanden, das die Qualität des Raums zwischen A und B mitbeeinflusst. Der Verkehrsraum verbindet somit nicht nur öffentliche Räume miteinander, sondern er wird in seiner Gesamtheit zu einem öffentlichen Raum. Oberste Priorität muss der in diesem Raum geschaffenen Lebensqualität gegeben werden – noch vor verkehrstechnischen und ökonomischen Aspekten, die bisher den Diskurs dominieren.

in introducing autonomous mobility in towns and cities. In the third scenario, self-driving cars would have to show the highest level of consideration for active road users. If this really were to be implemented, pedestrians and cyclists would regain their right to move through cities without concern and without limitations.

Re-appropriation of traffic space

This third scenario clearly highlights how a paradigm shift could enable traffic space to again be conceived as a true public space, stretching from façade to façade. This infrastructure would no longer be simply approached from the perspective of efficiency, with the aim of moving from A to B as quickly as possible, but would be understood as an element that influences the quality of the space between A and B. The traffic space would no longer simply connect public spaces—these elements would come together to form one public space. In this space, top priority must be given to creating quality of life, even more than to traffic and economic aspects, which have dominated the discourse up until now.

Design principles for the traffic space

When planning infrastructure for active forms of mobility, it is important not to make the same mistakes that changed our towns and cities when cars began to dominate in the 1960s. This means considering more than just efficiency and safety when, for example, designing cycling infrastructure—it is vital to see this as an element that can improve the quality and experience of public space in the long term. It would appear to be obvious that bikes are not cars, and yet this is often forgotten when designing cycling infrastructure. The relevant design criteria include more than just traffic planning criteria (consistency, directness, attractiveness, safety, and comfort).[20] Qualitative criteria must also be taken into account on the level of project management and design in public space. If such qualitative aspects are to be successfully applied in the context of traffic planning, which remains dominated by technocracy, then it is necessary to make use not of strict rules but of the cunning intelligence of tricks. These tricks apply to both design and implementation, and can be divided into five categories: creating connections, the participation, the revitalization of the local economy, space sharing, the metabolism, a simple aesthetic.

Gestaltungsprinzipien des Verkehrsraums

Um bei der Konzipierung von Infrastruktur für aktive Mobilitätsformen nicht ähnliche Fehler zu begehen wie jene, die unsere Städte in den 1960er Jahren unter dem Einfluss des Autos verwandelten, ist es wichtig, die Gestaltung zum Beispiel der Fahrradinfrastruktur nicht ausschließlich an Effizienz- und Sicherheitskriterien auszurichten, sondern sie als Element zu verstehen, das die Qualität und das Erleben des öffentlichen Raums dauerhaft verbessern kann. Es scheint eine Selbstverständlichkeit zu sein, dass Fahrräder keine Autos sind – und doch wird dieser Umstand beim Design von Radverkehrsinfrastrukturen häufig vergessen. Die relevanten Gestaltungskriterien für Fahrradinfrastruktur ergeben sich nicht nur aus den Kriterien der Verkehrsplanung, nämlich Zusammenhang, Geradlinigkeit, Attraktivität, (Verkehrs)Sicherheit und Komfort.[19] Sie müssen um qualitative Kriterien auf Ebene der Projektführung und -gestaltung im öffentlichen Raum ergänzt werden. Wenn diese qualitativen Aspekte in einem noch immer technokratisch dominierten Kontext wie dem Verkehrsraum erfolgreich angewendet werden sollen, dann müssen sie nicht als strikte Regeln daherkommen, sondern mit der listigen Intelligenz von Tricks. Diese Tricks betreffen sowohl die Phase des Entwurfs als auch der Ausführung und können in fünf Kategorien eingeteilt werden: das Verknüpfen, die Beteiligung, die Belebung der lokalen Ökonomie, das Teilen von Raum, der Metabolismus und eine einfache Ästhetik.

Definition von Zielen und Ansprüchen[20]

Das Verknüpfen:
Hin zu einem räumlich gut integrierten Projekt
Konzipierung und Umsetzung des Entwurfs als integraler Bestandteil bereits existierender oder geplanter städtischer Netzwerke. Räumliche Integration in die Bebauungsstruktur und den landschaftlichen und sozialen Kontext.

Die Beteiligung:
Hin zu einer Identifizierung mit dem Entwurfsprojekt
Wahl von Entwurfsmethode und Ausführung, die es den betroffenen Bürgern ermöglichen, sich den Raum anzueignen. Die Vorgehensweise muss transparent sein und den Anforderungen des Projekts entsprechen. Sie ist die Grundlage für das Gelingen und soll alle Akteure, die den öffentlichen Raum mitbestimmen, gleichermaßen miteinbeziehen.

Defining aims and requirements[20]

Creating connections:
Towards a spatially well-integrated project
Spatially integrating the design into the built environment as well as into its context of society and landscape.

The participation:
Towards identification with the design project
Choosing a design method and type of implementation that enable concerned citizens to take ownership of the space. The process needs to be transparent and suit the requirements of the project. It is the foundation of the project's success and needs to facilitate the equal involvement of all stakeholders who help shape public space.

The revitalization of the local economy:
Towards sustainable, local economic activity
Choosing a design and implementation method that contributes to the development of the local economy and revitalizes the social fabric.

Space sharing:
Towards a fair usage of space
Designing public space with the aim of dividing the spaces more fairly between active and passive mobility as well as between commercial and non-commercial lingering areas.

The metabolism:
Towards a balance with the environment
Integrating the project into existing ecosystems and cycles, ideally improving them. This refers to water, waste, and energy flows as well as to the metabolism of soil, planting, and building material.

A simple aesthetic:
Towards more frugality
Creating an easily readable, and clear public space free of all unnecessary elements. The project is simple and not overdesigned, and embraces the genus loci, emphasizing the intrinsic qualities of the space.

Die Belebung der lokalen Ökonomie:
Hin zu einem nachhaltigen, lokalen Wirtschaften
Wahl eines Entwurfs und einer Ausführungsmethode, die einen Beitrag zur Entwicklung der lokalen Wirtschaft leisten und das soziale Gefüge beleben.

Das Teilen von Raum:
Hin zu einer gerechten Raumnutzung
Gestaltung des öffentlichen Raums mit dem Ziel einer gerechteren Aufteilung zwischen Räumen für aktive und passive Mobilität sowie kommerziellen und konsum(zwang)freien Verweilräumen.

Der Metabolismus:
Hin zu einem Gleichgewicht mit der Umwelt
Integration des Projekts in bestehende Ökosysteme und Kreisläufe und – bestenfalls – deren Verbesserung. Dies betrifft die Wasser-, Abfall- und Energieströme sowie den Metabolismus von Boden, Bepflanzung und Baumaterial.

Eine einfache Ästhetik:
Hin zu mehr Schlichtheit
Schaffung eines einfachen, gut lesbaren und übersichtlichen öffentlichen Raums, der von allen überflüssigen Elementen befreit ist. Die Gestaltung ist schlicht und nicht überzeichnet, erfasst den Genius Loci und verstärkt damit die intrinsischen Qualitäten des Ortes.

---

1 – Dover, V. / Massengale, J., *Street Design. The Secret to Great Cities and Towns,* Hoboken 2014

2 – Benevolo, L., *Die Geschichte der Stadt,* Frankfurt/New York 1983, 339–345

3 – Panerai, P. / Castex, J. / Depaule J.C., *De l'ilot à la barre,* Marseille 1997, 13–44

4 – Bendiks, S. / Degros, A., Roads and City – Dissociation and Proximity, in: Bruyns, G. et al. (eds), *The European Tradition in Urbanism – and its Future,* Delft 2007, 126–134

5 – Vahrenkamp, R., Planning and Constructing the Autobahn Network in Germany during the Nazi-Period: Styles and Strategies, in: *Working papers in history and mobility,* 2006/6, 5

6 – Lynch, K., *The View from the Road,* Cambridge 1965

7 – Venturi R. / Scott Brown D. / Izenour S., Learning from Las Vegas, Cambridge, MA 1978, preface 9 / *Lernen von Las Vegas. Zur Ikonografie und Architektursymbolik der Geschäftsstadt,* Bauwelt Fundamente 55, Vorwort 1. A. Braunschweig/Wiesbaden 1997 [1979], 8–10: 8

8 – Jaillet, M.C., Faut-il en finir avec le peri urbain? Retour sur son histoire, in: Benbassa, E. / Attias, J.-C., *Nouvelles relégations territoriales,* Paris 2017, 100–113

9 – Veltz, P. *Fractures sociales, Fractures territoriales?* (2017): http://www.metiseurope.eu/fractures-sociales-fractures-territoriales_fr_70_art_30504.html

10 – Rohrbeck von, F. / Rohwetter, M., Rettet die Stadt! in: *Die Zeit* 11.1.2018, 21–23

11 – Madanipour, A., *Public and Private Spaces of the City,* New York 2003

12 – Meyer H., *Het ontwerp van de openbare ruimte,* Nijmegen 2006

13 – Whyte, William H., *The Social Life of Small Urban Spaces,* New York 1980

14 – Gehl, J. / Gemzoe, L., *New City Spaces,* København 2000

15 – Hajer, M. / Reijndorp, A., *In Search of New Public Domain: Analysis and Strategy,* Rotterdam 2002

16 – Bendiks, S. / Degros, A. / Puylaerts, A., L'enjeu de mobilités à énergie humaine, le cas du vélo, in: *Ressources urbaines latentes,* Genève 2016, 353–361

17 – Fraade, R., Who's Afraid of the 'Petextrian'?, in: *The Baffler,* 23.1.2018, https://thebaffler.com/latest/whos-afraid-petextrian-fraade

18 – Millard-Ball, A., Pedestrians, Autonomous Vehicles and Cities, in: *Journal of Planning Education and Research,* 2017, 210–224

19 – CROW, *Ontwerpwijzer fietsverkeer,* Ede 2016

20 – Pyblik, Artgineering, *Guide de l'espace public bruxellois,* Bruxelles 2016, http://www.publicspace.brussels

Sechs Tricks zur Wiederaneignung von Verkehrsraum
Six tricks for the re-appropriation of traffic space

-1-
Das Verknüpfen
Creating connections

-2-
Die Beteiligung
The participation

-3-
Die Belebung der lokalen Ökonomie
The revitalization of the local economy

-4-
Das Teilen von Raum
Space sharing

-5-
Der Metabolismus
The metabolism

-6-
Eine einfache Ästhetik
A simple aesthetic

-1-

Hin zu einem räumlich gut integrierten Projekt

Konzipierung und Umsetzung des Entwurfs als integraler Bestandteil bereits existierender oder geplanter städtischer Netzwerke. Räumliche Integration in die Bebauungsstruktur und den landschaftlichen und sozialen Kontext.

Beim Verknüpfen besteht der Trick darin, dem ehemals vom Verkehr genutzten Raum seinen passenden Platz im bestehenden Netzwerk öffentlicher Räume zuzuweisen. Edgar Morin führt in seinem Buch *La méthode* (15 / identité humaine) den Begriff der „Reliance" ein und meint damit die Bedeutung der Verknüpfung der Objekte, die die Bedeutung der Objekte selbst übersteigt. Davon lässt sich die Notwendigkeit ableiten, vielmehr eine Typologie von Verbindungen zu entwickeln als (nur) eine Typologie von Orten. Diese neuen verbindenden Räume können z.B. Plätze, Promenaden, rückgebaute Straßen oder Grünzüge sein.

Das Projekt kann z.B. eine Verknüpfung zwischen einem Wohnviertel und seiner Schule herstellen. Oder es wirkt als das bisher fehlende Bindeglied in einer Abfolge öffentlicher Räume, die zu einem Park, einem Bahnhof oder einem anderen Wohnviertel führen.

Towards a spatially well-integrated project

Spatially integrating the design into the built environment as well as into its context of society and landscape.

When creating connections, the trick is to give the space previously used by traffic its correct place in the existing network of public spaces. In his book *La méthode* (15 / identité humaine), Edgar Morin introduces the term "reliance" to refer to the significance of connections between objects, which he sees as being more important than the objects themselves. The object acquires its significance primarily through its connection with other objects. Therefore, it is not only the morphology of the space that is decisive, but also where it is located and how it is connected to other spaces. It thus becomes necessary to develop a typology of connections rather than a typology of places. These new connecting spaces can include squares, promenades, reclaimed streets, or greenways.

The project can connect a neighborhood with its school or provide the missing link in a sequence of public spaces that lead to a park, a train station, or another neighborhood. These new connecting spaces create a structure that invites new buildings and functions.

-1-
Das Verknüpfen
Creating connections

- Orientierung der räumlichen und landschaftlichen Ausrichtung des Projekts an bestehenden oder geplanten Netzwerken.
- Kohärente Gestaltung hinsichtlich (kurz-, mittel- und langfristig) geplanter Eingriffe im Umfeld.
- Differenzierung des Netzes öffentlicher Räume, in das das Projekt eingebettet wird. Gewährleistung der Durchgängigkeit dieser öffentlichen Räume und Unterscheidung zwischen öffentlichen, kollektiv genutzten und privaten Räumen.
- Interpretation des Entwurfs als Teil einer strategischen Gesamtvision und Bezugnahme auf wichtige Anziehungspunkte (z.B. Bahnhof oder Stadtzentrum).
- Erfassung logischer funktionaler Verknüpfungen wie etwa Schule und Sportanlage, Wohngebiete für Familien und Spielplätze.
- Koppelung des Projekts mit spezifischen Netzen (Fahrradinfrastruktur, Spiel- und Sportinfrastrukturen sowie Wanderwege) und Stärkung des Zusammenhangs.

⟶ Am Beispiel: Superkilen (Kopenhagen)
Der auf einem ehemaligen Eisenbahngelände entstandene neue Raum dient sowohl als öffentlicher Platz und Park für den Stadtteil als auch als Verlängerung einer grünen Rad- und Wandelpromenade.

Best practice: Superkilen **Location:** Copenhagen, Denmark **Design:** Bjarke Ingels Group, Superflex, Topotek 1
Completion: 2012 **Area:** 30,000 m² **Former use:** railway

- Alignment of the spatial and landscape design of the project with existing or planned networks.
- Coherent project design bearing in mind other short-, medium-, and long-term interventions within the larger context.
- Differentiation of the network of public spaces in which the project is embedded. Guaranteeing the continuity of these public spaces and distinguishing between spaces that are public, collective, and private.
- Interpretation of the design as part of a strategic overall vision and reference to important points of interest (e.g. train station or city center).
- Ascertainment of logical functional connections (e.g. school and sports center, residential areas for families and playgrounds).
- Linking of the project with specific networks (cycling infrastructure, playgrounds and sport infrastructure, as well as hiking routes) and strengthening the connection.

→ On the example of: Superkilen (Copenhagen)
This new space was created on a former railway site and is both a public square and park for the neighborhood as well as an extension of a greenway cycle path and walkway through this part of town.

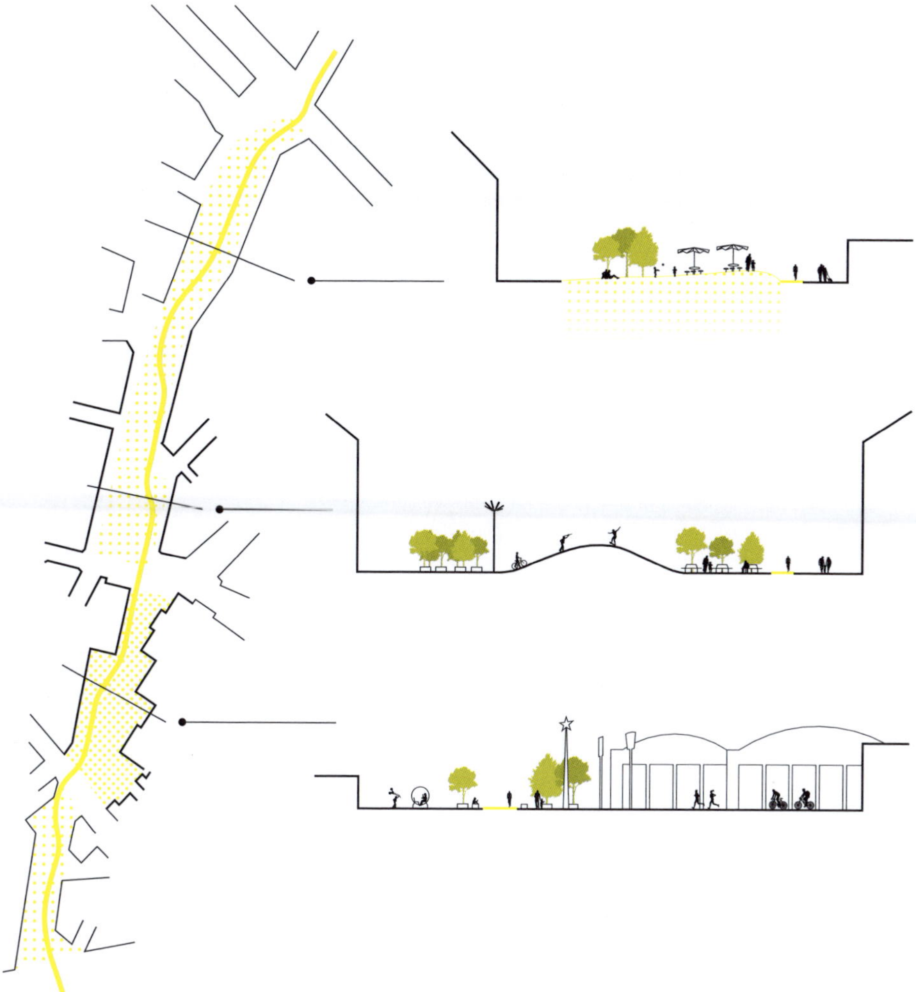

- Das Projekt macht sich die Einzigartigkeit des Ortes zunutze.
- Bezugnahme auf vorhandene und noch erkennbare historische Strukturen.
- Anknüpfung an bestehende bauliche Strukturen und die Morphologie des Raums.
- Bezugnahme auf bereits vorhandene öffentliche Räume in direkter Umgebung hinsichtlich Materialität, Bepflanzung, Möblierung, Beleuchtung etc.
- Einbeziehung nicht-räumlicher Merkmale des Ortes beim Gestaltungsprozess wie historisches Wissen, Erinnerung, Wahrnehmung und Deutung des Ortes.
- Berücksichtigung von ortsspezifischen Wertvorstellungen, Verhaltensmustern und Rechtsvorschriften.

⟶ Am Beispiel: High Line Park (New York)
Bei der Transformation der Hochbahnstrecke blieben charakteristische Elemente der ehemaligen Bahnnutzung erhalten. Der neue urbane Raum wurde an vielen Stellen gut mit dem Straßenniveau verbunden.

Best practice: High Line **Location:** New York, USA **Design:** Diller Scofidio+Renfro, Piet Oudolf, James Corner **Completion:** 2019 **Area:** 30,000 m² **Former use:** railway

- The project embraces the unique character of the place.
- Reference to existing and still recognizable historical structures.
- Connections with existing built structures and the morphology of the space.
- Reference to existing public spaces in the area—in terms of materiality, planting, furnishing, lighting, etc.
- Involvement of non-spatial characteristics of the place in the design process (e.g. historical knowledge, memory, perception, and interpretation of the place).
- Consideration of local values, patterns of behavior, and legislation.

→ On the example of: High Line Park (New York)
When transforming the railway viaduct, characteristic elements of its previous usage were kept. The new urban space was well connected to street level at multiple points.

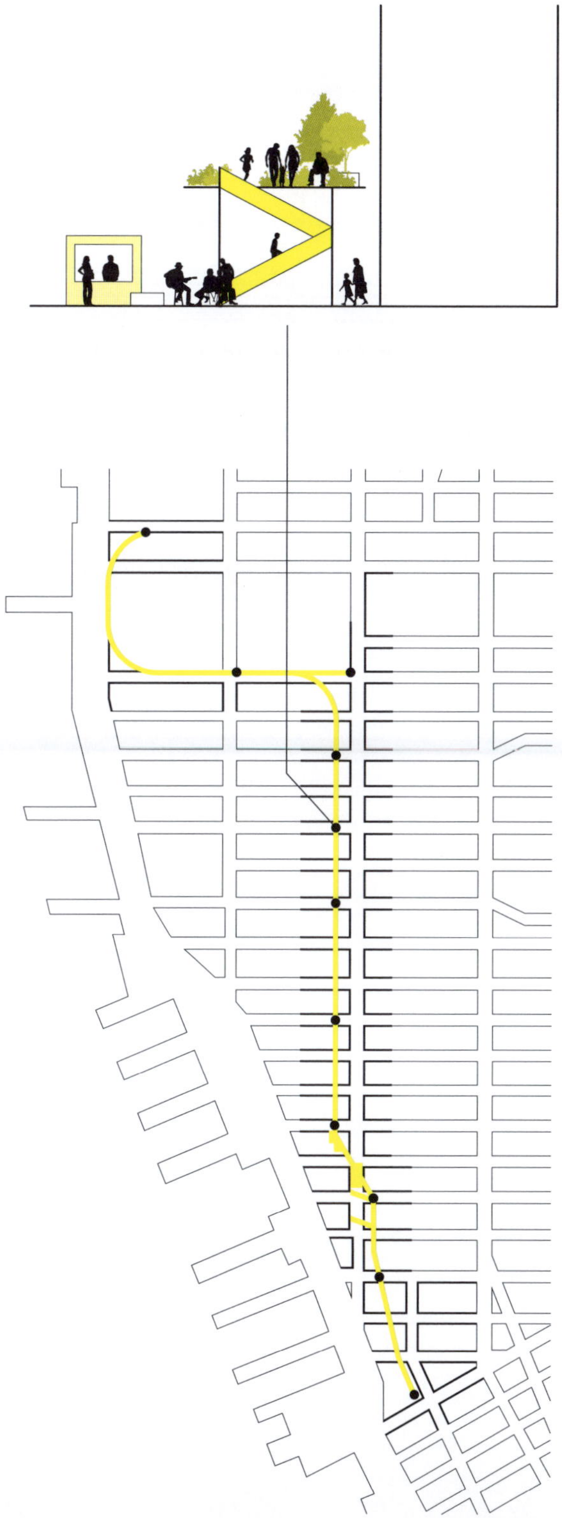

- Einbettung des Entwurfsprojekts in Verkehrsnetze für passive und aktive Mobilität.
- Priorisierung der Netzwerke für aktive Mobilität (Rad- und Fußgängerverkehr).
- Aufwertung von überörtlichen Netzen wie etwa Radschnellwegen und Fernwanderrouten.
- Untersuchung der Auswirkungen des Entwurfsprojekts auf die Mobilität innerhalb des Viertels und in der Stadt sowie ihre Miteinbeziehung in ein Gesamtkonzept.
- Verlinkung des Projekts mit intermodalen Knotenpunkten um deren Potenzial optimal zu nutzen.
- Gewährleistung von angenehmen und sicheren Übergängen bei räumlichen Brüchen im Netzwerk wie Wasserläufen, Bahntrassen und Straßen.
- Schaffung von Knoten zwischen den verschiedenen infrastrukturellen Hierarchieebenen wie etwa zwischen dem lokalen und dem regionalen Netz.
- Gestaltung der Kreuzungsbereiche mit dem Ziel einer möglichst selbstverständlichen, nachvollziehbaren und sicheren Nutzbarkeit.
- Artikulation von Ingenieurbauten (Brücken, Über- und Unterführungen etc.) als integrale Bestandteile des Netzes.

——→ Am Beispiel: Superblocks (Barcelona)
Das Differenzieren und Filtern der verschiedenen Mobilitätsformen ermöglicht die Transformation und Aufwertung des Verkehrsraums. Innerhalb des Superblocks hat aktive Mobilität (Radfahren und Zufußgehen) Vorrang, um ihn herum der öffentliche Verkehr.

Best practice: Superblocks **Location:** Barcelona, Spain **Design:** Department of Urban Model of Barcelona City Council, Urban Ecology Agency of Barcelona **Construction:** 2011 – ongoing **Area:** 162,000 m² **Former use:** road

- Integration of the design project into the traffic networks for passive and active mobility.
- Prioritization of active mobility networks (cyclists and pedestrians).
- Enhancement of supra-local networks, such as bicycle highways and long-distance hiking trails.
- Examination of the effects of the project on mobility within the neighborhood and in the city as well as their inclusion in an overall concept.
- Connection of the project with intermodal hubs to make optimal use of their potential.
- Guaranteeing of pleasant and safe crossings in the case of spatial breaks in the network due to waterways, railway lines, and roads.
- Creation of nodes between the different infrastructural hierarchy levels (e.g. between the local and regional network).
- Intersections are designed with the aim of making them as obvious, clear, and safe to use as possible.
- Articulation of engineering structures (bridges, overpasses and underpasses, etc.) as integral parts of the network.

→ On the example of: Superblocks (Barcelona)
Filtering and differentiating between the different types of mobility makes it possible to transform and upgrade the traffic space. Active mobility (consisting of cyclists and pedestrians) has priority within the superblock and public transport takes precedence around it.

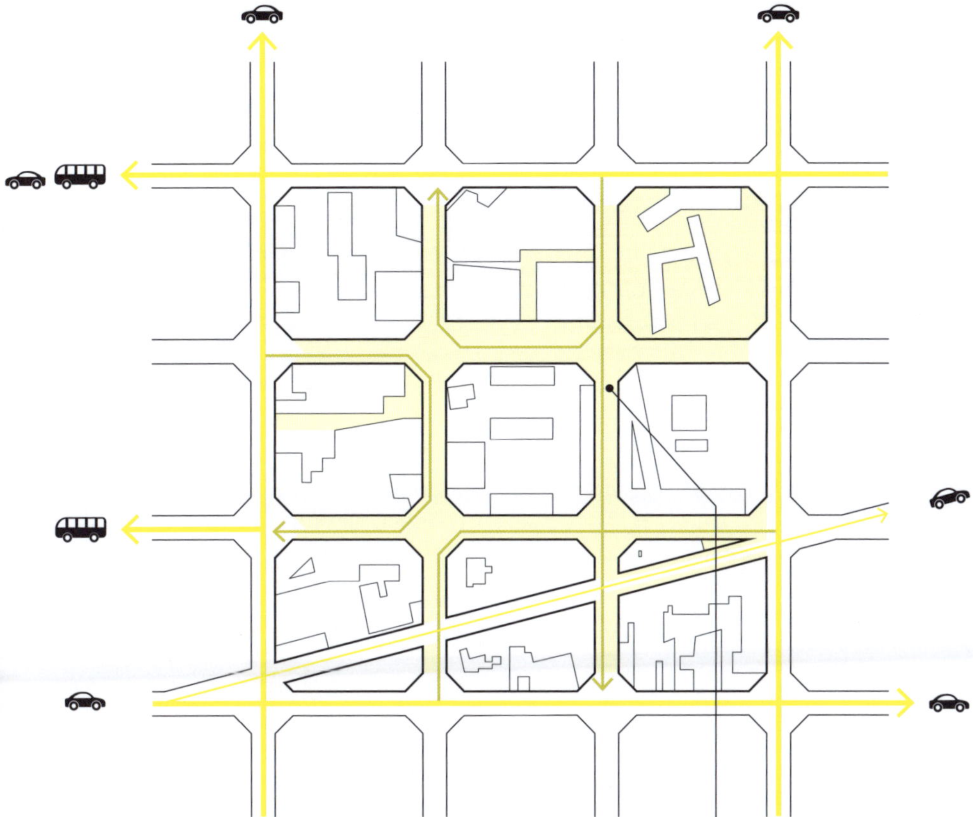

- Einbettung des Projekts in die Topografie des Ortes.
- Verbesserung der Nachvollziehbarkeit und Lesbarkeit des landschaftlichen Kontexts durch eine Inszenierung mit Perspektiven, Durchblicken und Sichtbezügen zur bebauten und unbebauten Umgebung.
- Einbettung des Projekts in „grüne" ökologische Netzwerke: Baumreihen, Bepflanzungen, grüne Verbindungen zwischen bestehenden Grünflächen wie Parks etc.
- Einbettung des Projekts in „blaue" ökologische Netzwerke: Sanierung und Zugänglichmachen von Wasserläufen, Quellen und Infiltrationszonen.
- Verbesserung bestehender und Schaffung neuer Grünzüge.

⟶ Am Beispiel: Parc de la Mairie (Montmagny)
Die Umgestaltung des ehemaligen Parkplatzes bewirkt nicht nur die Schaffung eines entspannten öffentlichen Raums im Zentrum, sondern stellt auch eine grüne, ökologische Verbindung zwischen den Flüssen der Kleinstadt her.

Best practice: Parc de la Mairie **Location:** Montmagny, Canada **Design:** Municipality of Montmagny / Stantec Inc **Completion:** 2018 **Area:** 11,000 m² **Former use:** car parking

- Integration of the project into the topography of the place.
- Improvement of understanding and readability of the landscape context by highlighting the scenery using perspectives, views, and visual connections to the built and unbuilt surroundings.
- Integration of the project into "green" ecological networks: rows of trees, planting, green connections between existing green areas, such as parks.
- Integration of the project into "blue" ecological networks: waterways, springs, and infiltration zones are improved and made accessible.
- Improvement of existing greenways and creation of new ones.

——→ On the example of: Parc de la Mairie (Montmagny)
Redesigning this former car park not only creates a relaxing public space in the center, but also establishes a green, ecological connection between the rivers surrounding the small town.

-2-

Hin zu einer Identifizierung mit dem Entwurfsprojekt

Wahl von Entwurfsmethode und Ausführung, die es der betroffenen Bevölkerung ermöglichen, sich den Raum anzueignen. Die Vorgehensweise muss transparent sein und den Anforderungen des Projekts entsprechen. Sie ist die Grundlage für das Gelingen und soll alle Akteurinnen, die den öffentlichen Raum mitbestimmen, gleichermaßen miteinbeziehen.

Wenn man die Stadt als ein für alle Einwohner zugängliches Gemeingut betrachtet, dann setzt ihre demokratische Gestaltung auch die Teilnahme an ihrer Konzeption und vor allem jener der öffentlichen Räume voraus. Der Trick besteht darin, eine Beteiligung der Bürger anzuregen, die das Projekt in seiner direkten Umgebung verankert und den NIMBY-Effekt (Not-In-My-Backyard) vermeidet.

Es geht darum, den Einwohnern, Schlüsselakteuren (Schulen, Pflegeeinrichtungen, Unternehmern etc.), Politikerinnen und Fachleuten jeweils den richtigen Platz in diesem Planungs- und Gestaltungsprozess zu geben.

Towards identification with the design project

Choosing a design method and type of implementation that enable concerned citizens to take ownership of the space. The process needs to be transparent and suit the requirements of the project. It is the foundation of the project's success and needs to facilitate the equal involvement of all stakeholders who help shape public space.

If the city is seen as common good, open to all its inhabitants, its democratic design requires their participation in its conception and, above all, in the design of its public spaces. The trick is to encourage citizens to participate in such a way that the project is positioned in its direct environment and the NIMBY (Not In My Backyard) effect is avoided.

The aim is to give citizens, key stakeholders (schools, care facilities, businesses, etc.), politicians, and experts their correct place in this planning and design process.

-2-
Die Beteiligung
The participation

- Beschreibung und Objektivierung der Beweggründe, der zentralen Aufgabenstellung(en) und Zielsetzung(en) des Projekts hinsichtlich Nutzung, Ästhetik, Metabolismus, sozioökonomischen Mehrwerts und Vernetzung.
- Abstecken des Studien- und Interventionsgebiets ausgehend von den Anforderungen in Bezug auf Maßstab, Nutzungen, Netzwerke etc. Definition eines klar umrissenen Interventionsgebiets innerhalb des Studiengebiets.
- Durchführung einer breit angelegten Bestandsaufnahme (auch des Untergrunds) beziehungsweise Sichtung von Vorstudien sowie rechtlicher und strategischer Instrumente auf örtlicher, regionaler und gegebenenfalls nationaler Ebene.
- Im Bedarfsfall Veranlassung ergänzender Studien zu wirtschaftlicher Machbarkeit, Umsetzbarkeit alternativer Parkmöglichkeiten, Gesundheitszustand der Vegetation etc. Ergänzung fehlender Informationen mit Hilfe geeigneter Beobachtungsverfahren.
- Die Projektdefinition ist so zu gestalten, dass sie aktuelle Bedürfnisse berücksichtigt und zugleich Spielraum für wünschenswerte zukünftige Entwicklungen offenlässt.
- Berücksichtigung einer möglichen zukünftigen Erweiterung des Interventionsgebiets schon bei der Projektdefinition.

⟶ Am Beispiel: Rue Paul Nizan (L'île de Nantes)
Die Transformation der alten Eisenbahntrasse in einen Grünzug mit Raum für aktive Mobilität und öffentlichen Nahverkehr ist ein Pilotprojekt, das sich aus der von der Stadt initiierten allgemeinen Entwicklungsvision der Île de Nantes ableitet.

Best practice: Rue Paul Nizan **Location:** L'île de Nantes, France **Design:** uapS, Marcel Smets
Completion: 2013 **Area pilot project:** 40,000 m² **Former use:** railway

- Description and externalization of motives, main task(s), and aim(s) of the project in terms of usage, aesthetics, metabolism, socio-economic value, and interconnectedness.
- Delineation of the area to be the focus of study and intervention: decision based on the demands in terms of scale, usages, networks, etc. Definition of a clear intervention area within the area of study.
- Execution of a broad survey of the current situation (including the substrate) and/or review of preliminary studies as well as legislative and strategic instruments on a local, regional, and, where appropriate, national level.
- If necessary, commissioning of additional studies, such as economic feasibility, practicability of alternative parking arrangements, phytosanitary condition, etc. Gaps in information are to be filled with the help of suitable observation methods.
- The project brief is to be formulated to consider current needs as well as to allow room for positive future developments.
- The possibility of extending the intervention area in the future should already be considered in the project brief.

→ On the example of: Rue Paul Nizan (L'île de Nantes)
The transformation of the old railway corridor into a greenway with space for active mobility and public transport is a pilot project that emerged from the city's general development vision for the Île de Nantes.

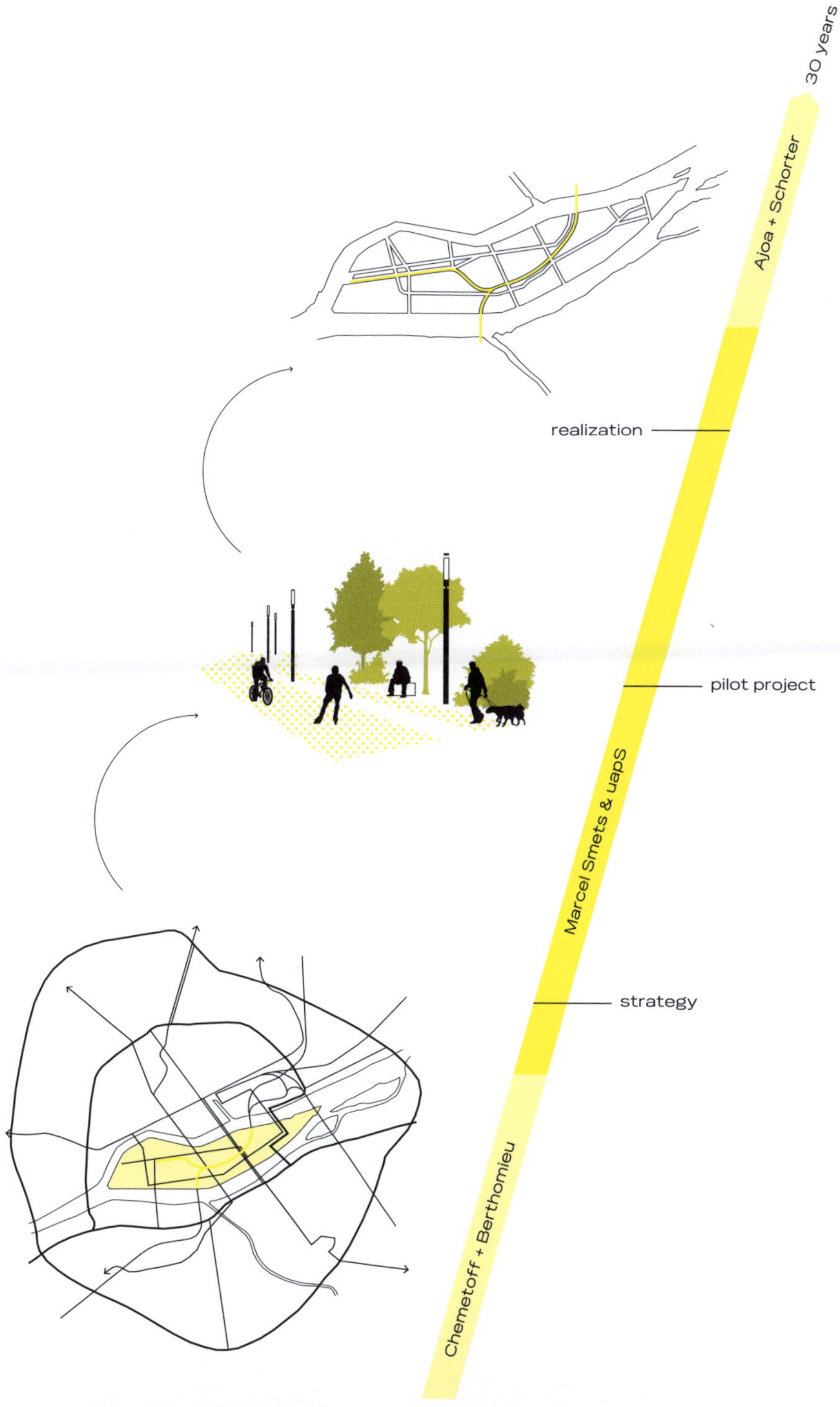
30 years
Ajoa + Schorter
realization
pilot project
Marcel Smets & uapS
strategy
Chemetoff + Berthomieu

- Wahl eines Entscheidungsprozesses, der der Komplexität des Projekts, dem zeitlichen Rahmen sowie den örtlichen und programmatischen Besonderheiten entspricht. Es kann z.B. inkrementell, mit Mock-ups, Vermittlern, temporären Installationen etc. gearbeitet werden.
- Sicherstellung transparenter und fairer Entscheidungsabläufe in jeder Projektphase (Wettbewerb, Vergabe etc.).
- Untermauern der Entwurfsvorschläge durch Szenarien, die eine eingehende vergleichende Analyse zulassen und als Entscheidungshilfe herangezogen werden können.
- Festlegung, Kommunikation und Einhaltung der Vorgehensweise und der Entscheidungsmomente.
- Einrichten von passenden Kommunikationskanälen um den Informationsaustausch zu gewährleisten.
- Erstellung und regelmäßige Aktualisierung eines realistischen Zeitplans, der die einzelnen Verfahrensschritte abbildet (Anhörungen, Entscheidungen, Fristen z.B. für Förderanträge).
- Bereitstellung und kontinuierliche Kontrolle des Budgets, gegebenenfalls auch für Testphasen.
- Die Frage der Instandhaltung des öffentlichen Raums ist bereits in der Entwurfsphase zu bedenken. Ausarbeitung eines in Abhängigkeit der verfügbaren finanziellen und personellen Ressourcen gestalteten Managementplans.
- Evaluierung von Qualität und Leistungsfähigkeit des Projekts hinsichtlich der ursprünglichen Zielsetzungen.

——→ Am Beispiel: Zuiderdokken (Antwerpen)

Für den Transformationsprozess eines riesigen Parkplatzareals in einen öffentlichen Park wurde von der Stadt ein unabhängiger Vermittler zwischen Entscheidungsträgern, Fachplanern, Designern und Bürgern engagiert: der sogenannte Intendant.

Best practice: Zuiderdokken **Location:** Antwerp, Belgium **Design:** Atelier Descombes Rampini
Completion: 2022 **Area:** 64,000 m² **Former use:** car parking

- Selection of a decision process appropriate for the complexity of the project and time frame as well as the local and programmatic characteristics. For example, the process can be incremental, making use of mock-ups, mediators, temporary installations, etc.
- Ensuring of transparent and fair decision processes in every project phase (competition, award of contract, etc.).
- Underpinning of proposals using scenarios that allow for an in-depth comparative analysis and can be used to help make decisions.
- Definition, communication, and observance of methodology and key decision moments.
- Organization of suitable communication channels to ensure that information is shared.
- Compiling and regular updating of a realistic schedule containing individual steps in the process (consultations, decisions, deadlines for funding applications, etc.).
- Budget is provided and regularly checked, also for test phases if necessary.
- Maintenance of the public space needs to be considered as early as the design phase. Development of a management plan, considering available financial and human resources.
- Evaluation of quality and performance of the project in terms of the original aims.

⟶ On the example of: Zuiderdokken (Antwerp)

In Antwerp, plans were made to transform a huge parking lot into a public park. The city administration enlisted an independent intermediary for facilitating communication between decision makers, specialist planners, designers, and citizens: the so-called intendant.

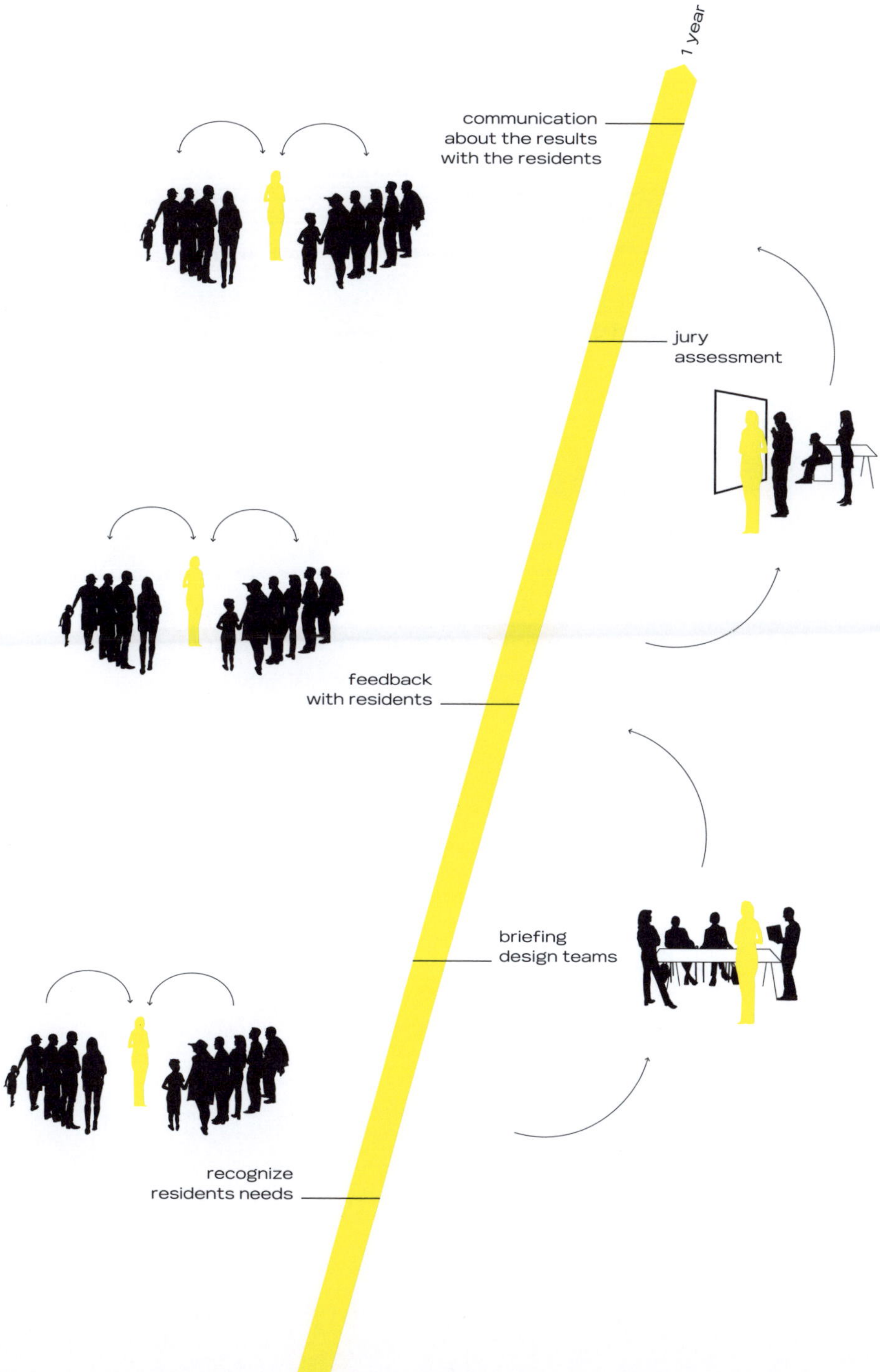
1 year
communication
about the results
with the residents
jury
assessment
feedback
with residents
briefing
design teams
recognize
residents needs

- Identifizierung von Schlüsselakteuren (Entscheidungsträger, Verwaltungsträger, Bewohner, Nutzerinnen sowie Feuerwehr, Polizei, öffentliche Transportunternehmen, Radfahrerverbände, Taxis, Wasser- und Stromversorger, Telekommunikationsfirmen etc.). Klärung ihrer Rolle im Entscheidungsprozess.
- Einbindung der wichtigsten zivilgesellschaftlichen Akteure (Bürgerinitiativen, Vereine, Wirtschaftstreibende sowie Schulen, Kindergärten, Kinderkrippen). Erstellung eines realistischen Zeitplans für die Einbindung dieser Akteure.
- Aufstellen eines im Hinblick auf die Besonderheiten des Ortes und den Anforderungen der Aufgabe entsprechenden interdisziplinären Projektteams.
- Einbindung des Projektteams in das gesamte Entwurfs-, Ausführungs- und Betreuungsverfahren. Die zukünftig mit der Betreuung des öffentlichen Raums befassten Personen sollten bereits in die Entwurfs- und Ausführungsphase miteinbezogen werden.
- Anwendung einer schrittweisen Vorgehensweise, die einen Lernprozess ermöglicht und in deren weiterem Verlauf Korrekturen vorgenommen werden können, wobei jedoch die anfänglichen Zielsetzungen nicht aus den Augen verloren werden dürfen.
- Aufrechterhaltung dieses Dialogs auch nach Abnahme des Projekts.

→ Am Beispiel: Mierīgi! (Riga)

Um die Relevanz und die positiven räumlichen Effekte der potenziellen Transformation eines vom Auto dominierten Verkehrsraums erfahrbar zu machen, wurde mit einfachen Mitteln eine temporare räumliche Intervention realisiert: ein sogenanntes Mock-up.

Best practice: Mierīgi! **Location:** Riga, Latvia **Author:** Fine Young Urbanists
Completion: 2014 **Area:** 250 m² **Former use:** road

- Identification of key stakeholders in the project (decision makers, administrative bodies, residents, and users as well as the fire department, police, public transportation companies, cyclist associations, taxis, water and electricity providers, telecommunication companies, etc.). Clarification of their role in the decision process.
- Inclusion of the most important stakeholders from civil society (citizens' initiatives, associations, and businesses as well as schools, kindergartens, and day nurseries). Creation of a realistic schedule for involving these stakeholders.
- Putting together of an interdisciplinary project team, taking into account the characteristics of the place and demands of the task.
- Involvement of the project team in the entire design, implementation, and maintenance process. Those people who will be involved in looking after the public space in the future should be included in the design and implementation phase.
- Use of a step-by-step approach that leaves space for learning and for later corrections without losing sight of the original aims.
- Maintaining of this dialogue after the project has been officially completed.

→ On the example of: Mierīgi! (Riga):
In order to help the public experience the relevance and positive spatial effects of a transformation of a traffic space dominated by cars, simple means were used to realize a mock-up as a temporary spatial intervention.

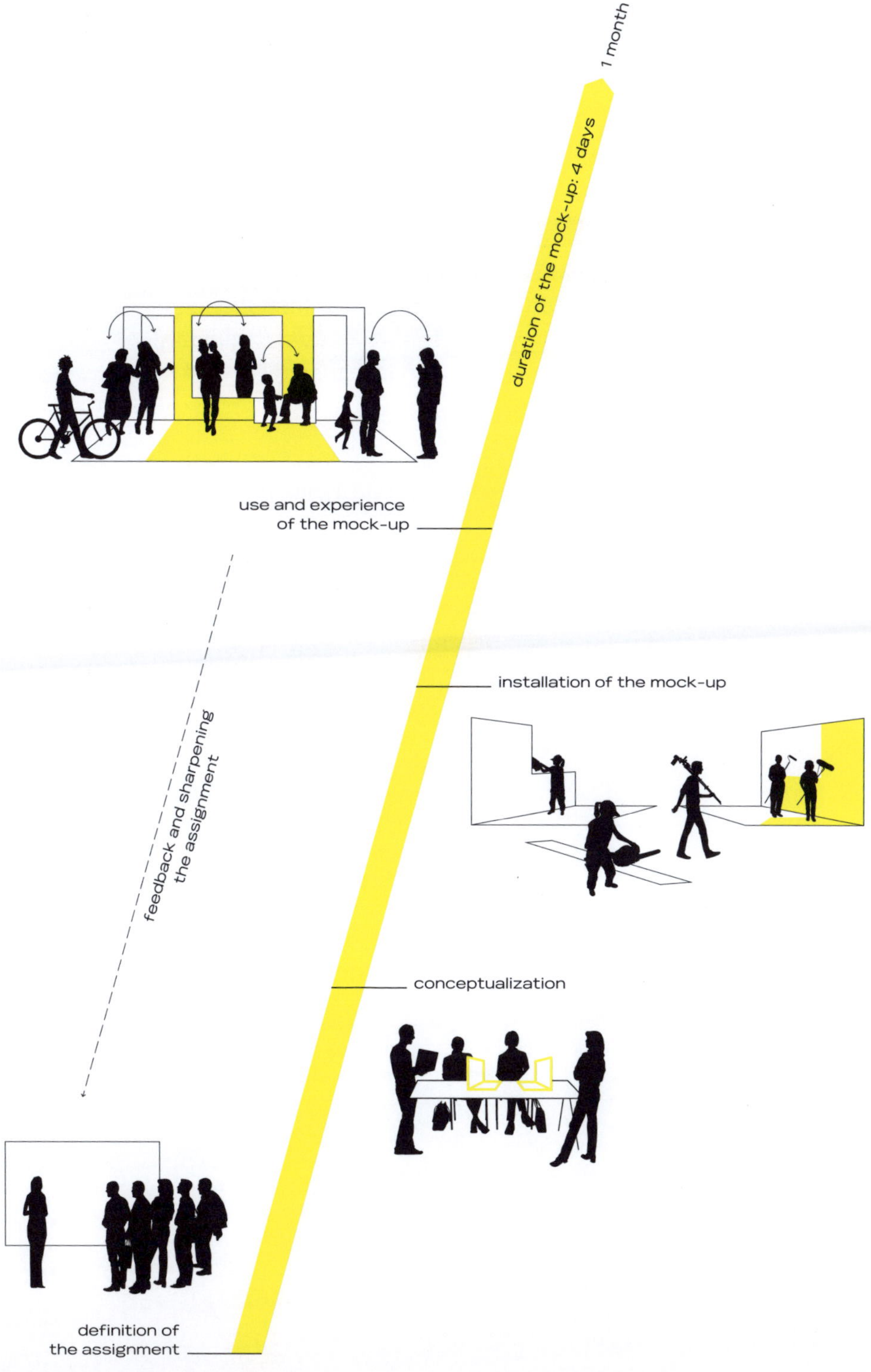
1 month
duration of the mock-up: 4 days
use and experience
of the mock-up
installation of the mock-up
feedback and sharpening
the assignment
conceptualization
definition of
the assignment

- Beschreibung und Validierung einer hinsichtlich Umfang und Zielsetzungen des Projekts adäquaten Koproduktionsmethode (nur Information, Anhörung, Beteiligung oder echte Koproduktion).
- Allen Beteiligten sollten korrekte Informationen zum Ablauf des Verfahrens zur Verfügung gestellt werden. Dies umfasst die Zusammenstellung und Aktualisierung von Informationen, den Zeitplan für Konsultationen und Workshops sowie die zu erwartenden Ergebnisse.
- Weitergabe der Ergebnisse an alle betroffenen Personen (Planerinnen, Verwaltungsträger, Mediatoren, politische Entscheidungsträger, Bewohnerinnen, Nutzer, Fachleute) im Rahmen von Konsultationen und Infoabenden sowie in sozialen Medien.
- Programmierung und Bespielung des öffentlichen Raums zusammen mit Bürgern, Nutzerinnen und motivierten Akteuren.
- Berücksichtigung bereits vorhandener oder geplanter Initiativen. Die Koproduktionsmethode sollte inkrementell und gut mit den einzelnen Beschlussfassungen abgestimmt sein.
- Wenn möglich Einrichtung einer Anlaufstelle vor Ort, um Informationen zugänglich zu machen und Meinungen, Kommentare und Reaktionen von Nutzern und Bürgern einzuholen.
- Die dafür aufzuwendenden zeitlichen und finanziellen Ressourcen sollten realistisch und angemessen sein.

——→ Am Beispiel: Schulgasse (Wien)

Um eine Schule besser mit dem benachbarten Park zu verbinden und so mehr Freiraum für Kinder in den Pausen und Eltern beim Warten zu schaffen, wurde ein Koproduktionsprozess in Gang gesetzt, bei dem Schüler, Lehrer, Eltern und Anwohner den Raum gemeinsam gestalteten.

Best practice: Schulgasse **Location:** Vienna, Austria **Design:** zwoPK landschaftsarchitekten
Completion: 2018 **Area:** 450 m² **Former use:** road

- Description and validation of a co-production method appropriate for the scale and aims of the project (only to provide information, consultation, participation, or real co-production).
- Everyone involved is to be provided with accurate information on the process. This includes compiling and keeping up to date general information, the schedule for consultations and workshops, and expected results.
- Communication of results to those involved (designers, administrative bodies, mediators, political decision makers, residents, users, specialists) at consultations, information evenings, and on social media.
- Programming and bringing to life the public space together with citizens, users, and motivated stakeholders.
- Consideration of existing or planned initiatives.
  The co-production method should be incremental and well suited to the pace of decision-making.
- If possible, establishment of an on-site point of contact to make information accessible and to collect opinions, comments, and reactions of users and citizens.
- Realistic and appropriate use of financial resources and time.

⟶ On the example of: Schulgasse (Vienna)
A co-production process was started to better connect a school with a neighboring park and create more space where children can enjoy recess and parents can wait. This process allowed pupils, teachers, parents, and residents to design the space together.

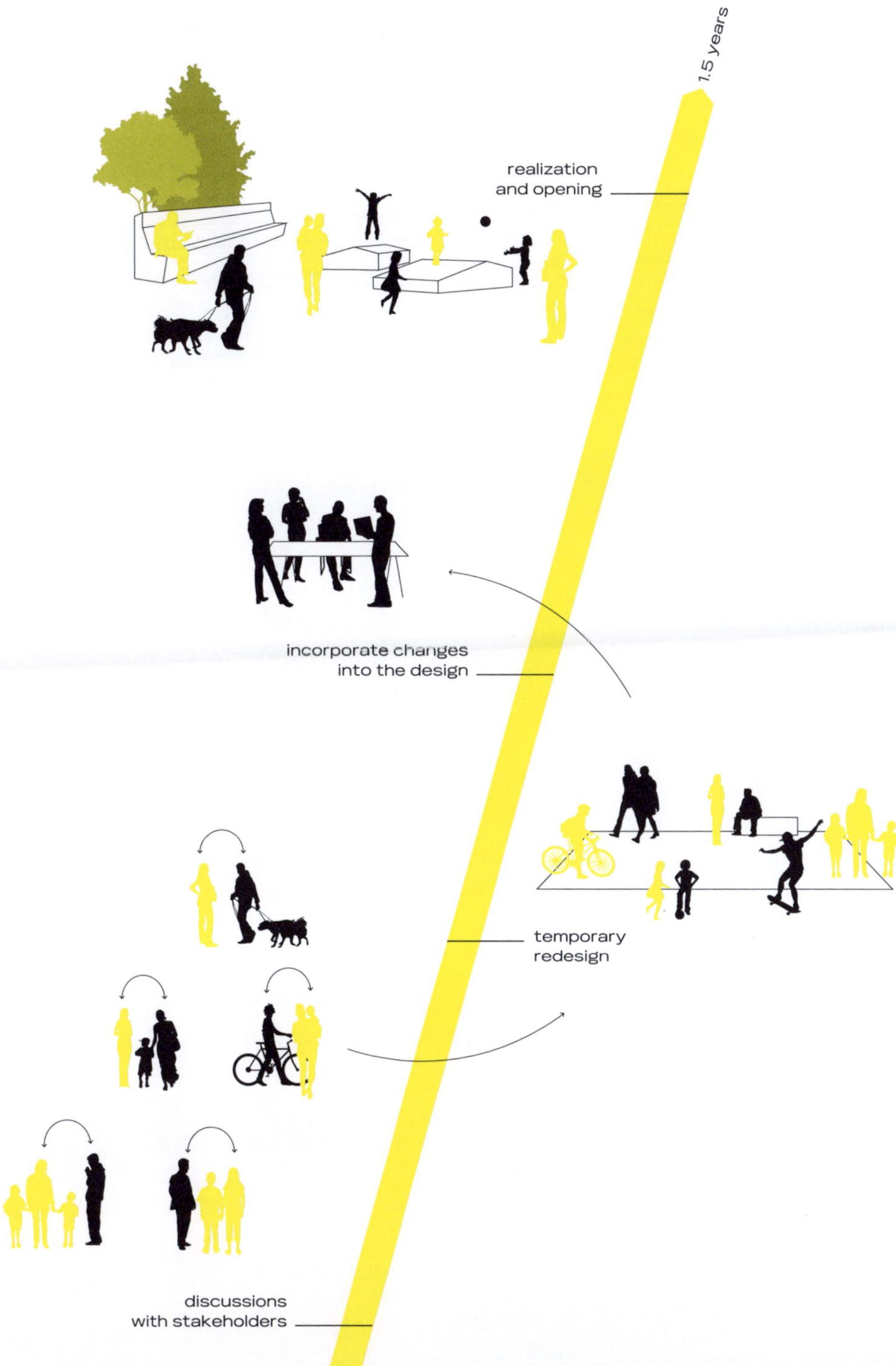
1.5 years
realization
and opening
incorporate changes
into the design
temporary
redesign
discussions
with stakeholders

Hin zu einem nachhaltigen, lokalen Wirtschaften

Wahl eines Entwurfs und einer Ausführungsmethode, die einen Beitrag zur Entwicklung der lokalen Wirtschaft leisten und das soziale Gefüge beleben.

Die Umgestaltung eines Verkehrsraums in einen echten öffentlichen Raum verändert auch seine ökonomische Bedeutung: Er wird zu einem Verweilraum. Diese neue Qualität ermöglicht die Etablierung von Nahversorgern, Cafés, Märkten, Spielplätzen etc. Kleingliedrige Geschäftsstrukturen werden gefördert.

Der Trick besteht darin, die Erdgeschosszonen der Gebäude zu einem integralen Bestandteil des Platzes zu machen. Schaufenster und Gastgärten sind als Schnittstellen zwischen öffentlichem Raum und Gebäuden zu betrachten. Die Umgestaltung ist eine Gelegenheit, lokale Arbeitskräfte, Handwerksbetriebe und Reintegrationswerkstätten zu beschäftigen. Das Projekt bietet nicht nur durch seine Gestaltung die Chance für eine sozio-ökonomische Aufwertung des Viertels, sondern auch durch die Art der Realisierung.

Towards sustainable, local economic activity

Choosing a design and implementation method that contributes to the development of the local economy and revitalizes the social fabric.

Transforming traffic space into a true public space also changes its economic significance: it becomes a place to linger. This new quality makes it possible to establish grocery stores, cafés, markets, playgrounds, etc., and promotes small-scale business structures.

The trick is to make the ground floor zone of the buildings into an integral part of the square; shop fronts and terraces are to be seen as connecting elements linking public space and buildings. The transformation also provides the opportunity to employ local workers, craft enterprises, and reintegration centers. It is not just the design itself that provides possibilities for socio-economic improvement in the neighborhood, but also the manner in which it is realized.

-3-
Die Belebung der lokalen Ökonomie
The revitalization of the local economy

+ Bereits im Vorfeld Abschätzung der wirtschaftlichen Vor- und Nachteile des Projekts für Gewerbetreibende und Nutzer der direkt angrenzenden oder in der Nachbarschaft liegenden Zonen.

+ Stärkung der ökonomischen Vitalität im Umfeld des Projekts. Gegebenenfalls jedoch Eindämmung einer allzu dominanten wirtschaftlichen Inanspruchnahme des öffentlichen Raums.

+ Abstimmung des Gesamtkonzepts mit dem Geschäftsbetrieb des angrenzenden Gewerbes bereits in der Entwurfsphase.

+ Bei der Positionierung von z.B. Gastgärten ist den Eingängen von öffentlichen Gebäuden, Geschäften, Hotels und Restaurants besondere Aufmerksamkeit zu schenken.

+ Der Entwurf zeichnet sich durch Resilienz und Reversibilität aus, d.h. er kann mit einfachen Mitteln an Veränderungen wie z.B. die Transformation von Geschäftslokalen in kooperative Räume (Co-Working) angepasst werden.

+ Aufwertung der Bereiche für kommerzielle und konsum(zwang)freie Angebote z.B. durch Kioske oder Überdachungen, vor allem wenn der öffentliche Raum von den angrenzenden Gebäuden isoliert liegt.

+ Einplanung von Lieferzonen, Behindertenparkplätzen und Stellplätzen für Carsharing und Taxis.

⟶ Am Beispiel: Mariahilfer Straße (Wien)

Die Transformation einer vom Autoverkehr dominierten Einkaufsstraße in eine Begegnungszone hat die aktive Mobilität, aber auch die kommerzielle und konsum(zwang)freie Nutzung des öffentlichen Raums und der Erdgeschosszone begünstigt. In den angrenzenden Straßen wurden Kleingewerbe und Detailhandel aktiviert.

Best practice: Mariahilfer Straße **Location:** Vienna, Austria **Design:** Bureau B & B Urbanism and Landscape Architecture **Completion:** 2015 **Area:** 43,000 m² **Former use:** road

+ Prior assessment of economic advantages and disadvantages of the project for business owners and users of zones directly bordering on the transformation area or in the vicinity.
+ Strengthening economic vitality in the area surrounding the project. However, if necessary, also implementing measures to prevent commercial activities from dominating the public space.
+ Taking the running of nearby businesses into account when working on the overall concept, as early as the design phase.
+ Giving particular consideration to entrances of public buildings, shops, hotels, and restaurants when positioning outdoor eating areas, etc.
+ The design stands out due to its resilience and reversibility, meaning it can be easily adapted to changes, such as the transformation of businesses e.g. into co-working spaces.
+ Upgrading areas for commercial and non-commercial use, such as kiosks or canopies—particularly if the public space is isolated from the surrounding buildings.
+ Planning of delivery zones, disabled parking spaces, and spaces for car sharing and taxis.

⟶ On the example of: Mariahilfer Straße (Vienna)
The transformation of a shopping street dominated by cars into a shared space increased active mobility as well as commercial and non-commercial usage of the public space and ground floor zones. It also benefited small businesses and retail trade in the nearby streets.

+ Identifizierung von im Projektumfeld bereits bestehenden sozialwirtschaftlichen Einrichtungen.
+ Kontaktaufnahme mit potenziellen Schlüsselakteuren wie Vereinen oder Ausbildungseinrichtungen, die an einem sozialwirtschaftlichen Projekt Interesse haben könnten.
+ Abstimmung des Entwurfs- und Realisierungsprozesses mit den festgestellten wirtschaftlichen Defiziten und Potenzialen im Umfeld sowie den möglichen Akteuren, die am Transformationsprojekt beteiligt werden können.
+ Förderung von lokalen sozialen und wirtschaftlichen Einrichtungen durch den Entwurfsprozess und die Realisierung des Projekts.
+ Aufwertung des Projekts und vorhandener Schulstandorte im Umfeld durch Einbeziehung der Lehrerinnen, Schüler und Eltern in den Gestaltungsprozess.
+ Verwendung lokaler Baumaterialien und Produktion vor Ort durch Betriebe und Arbeitskräfte aus der Umgebung.
+ Einbinden des Entwurfsprojekts in die lokale Kreislaufwirtschaft.
+ Konzipierung der späteren Instandhaltung des umgeformten öffentlichen Raums als sozialwirtschaftliches Projekt.

⟶ Am Beispiel: Park macht Platz (Wien)
Auf einem innerstädtischen Parkplatz, der auch für einen Flohmarkt genutzt wird, wurde – initiiert von Architekten und Designern und in Zusammenarbeit mit Bewohnern und Vereinen – eine temporäre Installation konzipiert, errichtet und bespielt, die den sozialen Zusammenhalt im Quartier förderte.

Best practice: Park macht Platz **Location:** Vienna, Austria **Design:** Team Wien
Completion: 2017 **Area:** 400 m² **Former use:** car parking

+ Identification of socio-economic institutions already in the project area.
+ Contacting of potential key stakeholders, such as associations or educational facilities that may be interested in a socio-economic project in the area to be transformed.
+ Adapting the design and realization process to local economic deficits and potential in the surrounding area as well as to possible stakeholders, who can be involved in the transformation.
+ Support of local social and economic organizations through the design and implementation process.
+ Enhancement of the project and existing school locations by involving teachers, pupils, and parents in the design process.
+ Drawing up of recommendations regarding local origin of building materials and local production by businesses and people in the immediate neighborhood.
+ Integration of the design project into the local circular economy.
+ Planning of future maintenance of the redesigned public space as a social project.

——→ On the example of: Park macht Platz (Vienna)
Working together with residents and associations, architects and designers planned, constructed, and staged a temporary installation. It was located in the middle of a car park also used for a flea market and encouraged a sense of community in the neighborhood.

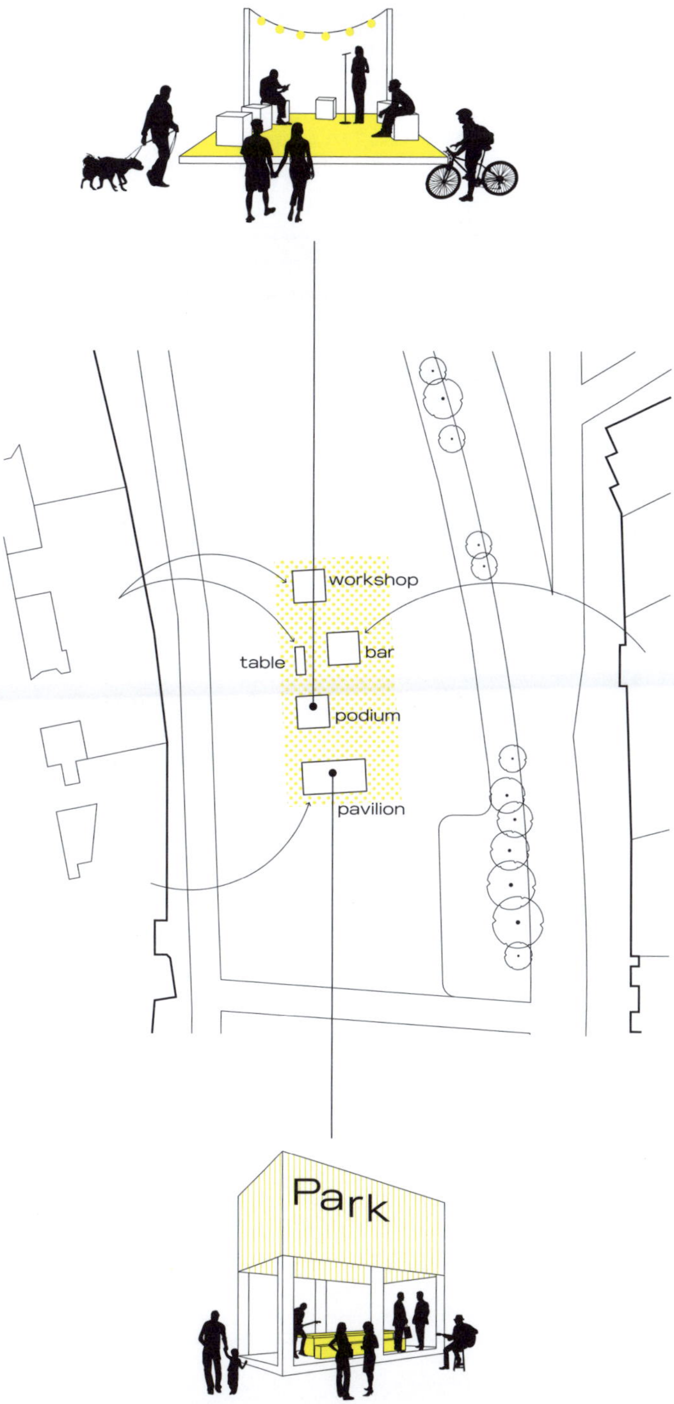
workshop
table
bar
podium
pavilion
Park

+ Anwendung einer allgemeinen Arbeitsweise und spezieller Maßnahmen, die die negativen Begleiterscheinungen während der Bauarbeiten wie schlechte Erreichbarkeit der Geschäfte für Kunden und Anlieferer eingrenzen. Gegebenenfalls sind Entschädigungen anzudenken.
+ Weitestgehende Gewährleistung der Erreichbarkeit durch Fußgängerinnen, Radfahrer, öffentlichen Verkehr und Individualverkehr auch während der Bauarbeiten.
+ Minimierung des logistischen Aufwands des Bauprozesses durch Maßnahmen wie die (Wieder)Verwendung bereits vorhandener Baumaterialien und durch eine ausgeglichene Bodenbilanz (Aushub nicht abtransportieren, sondern anderweitig im Projekt einbringen).
+ Bereitstellung von Ersatzflächen für Aktivitäten, die während der Bauphase nicht stattfinden können wie z.B. Märkte, kulturelle Veranstaltungen etc.
+ Arbeiten mit vorfabrizierten Bauteilen um durch eine zügige Ausführung die negativen Begleiterscheinungen der Bauarbeiten zu minimieren.
+ Eventuell Überlappung der Phasen Baubewilligung und Erstellung des Leistungsverzeichnisses um im Planungsprozess die Wartezeit bis zum Baubeginn zu verkürzen.

⟶ Am Beispiel: Ursulines Square (Brüssel)

Für die Aufwertung einer Eisenbahnrestfläche in einen Platz mit Skatepark wurde ein schlichter, klarer Entwurf formuliert, der in Zusammenarbeit mit einer benachbarten Holz- und Metallwerkstatt, die Menschen bei der Wiedereingliederung in den Arbeitsmarkt unterstützt, realisiert wurde.

Best practice: Ursulines Square **Location:** Brussels, Belgium **Design:** Bjorn Gielen, Floris Steyaert, L'Escaut
Completion: 2006 **Area:** 4000 m² **Former use:** residual space above railway tunnel

+ Implementation of a general way of working and special measures that reduce negative effects of the building works (e.g. poor access to shops for customers and deliverers) as far as possible. Compensation can be considered if necessary.
+ Ensuring of general accessibility for pedestrians, cyclists, public transport, and cars to the greatest possible extent during construction work.
+ Measures to minimize logistics in the building process, such as the (re)use of existing building materials and a balanced use of soil (excavated material can be used for another part of the project, rather than being removed).
+ Allocation of other areas for activities that cannot take place during construction, e.g. markets, cultural events.
+ Use of prefabricated components to speed up the building process and thereby minimize negative effects of the construction process.
+ If possible, temporal overlap in the organization of the phases building permits and the bill of quantities to enable an earlier construction start.

——→ On the example of: Ursulines Square (Brussels)
A simple, clear design was created to upgrade unused railway ground to a square with a skate park. A nearby wood and metal workshop, which supports people to reenter the labor market, contributed to the realization of the project.

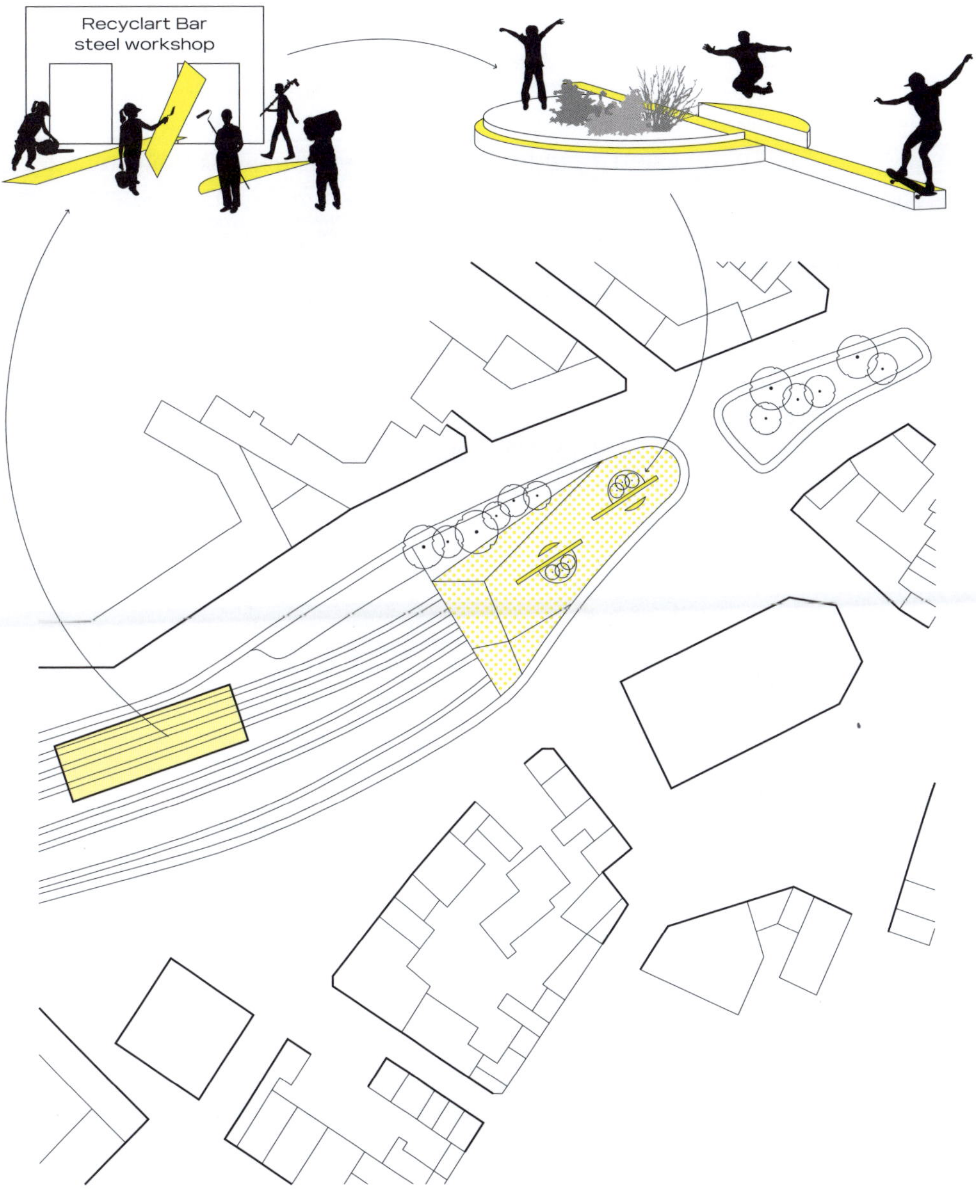
Recyclart Bar
steel workshop

Hin zu einer gerechten Raumnutzung

Gestaltung des öffentlichen Raums mit dem Ziel einer gerechteren Aufteilung zwischen Räumen für aktive und passive Mobilität sowie kommerziellen und konsum(zwang)freien Verweilräumen.

Obwohl sich das Mobilitätsverhalten vor allem in den Städten verändert, bleibt der Einfluss des motorisierten Individualverkehrs dominant. Auf Kosten von Lebensqualität wird dem fahrenden sowie dem geparkten Auto zu viel Platz eingeräumt. Durch bessere Radwege, Mobilitätshubs und digitale Mobilitätsplattformen (Carsharing, bedarfsorientierte Varianten des öffentlichen Personennahverkehrs) werden in Zukunft immer weniger Stadtbewohner ein eigenes Auto benötigen. Dadurch wird eine Neuverteilung des öffentlichen Raums und eine Zunahme der aktiven Mobilität (Fahrrad und Fußgänger) sowie der neuen Mikromobilität (E-Scooter, E-Skateboards etc.) möglich und es ergeben sich Potenziale für die Schaffung von Verweilräumen.

Das Teilen ist ein integraler Wesenszug des öffentlichen Raums. Der Trick besteht darin, den Raum so umzuverteilen und zu gestalten, dass aktive Mobilität, ein gerechterer Modal Split und Aufenthaltszonen ohne Konsumzwang gefördert werden.

Towards a fair usage of space

Designing public space with the aim of sharing the spaces more fairly between active and passive mobility as well as between commercial and non-commercial lingering areas.

In cities in particular, mobility behavior has been changing for some time. But, despite this, motorized individual transport continues to dominate the public space. Too much of the area continues to be allocated to cars—moving or parked—at the cost of quality of urban life. However, better cycle paths, mobility hubs, and digital mobility platforms providing services such as car sharing and demand responsive transport mean that in the future fewer and fewer city dwellers will need a privately-owned car. This will make it possible for the public space to be divided up anew. It will encourage active mobility and the new micro mobility. In addition, new opportunities will emerge for former traffic space to be used for resting and lingering.

Sharing space and using it together is an integral characteristic of the public space that defines it as such. The trick is to reorganize and redesign the space in such a way that active mobility is encouraged, a lasting effect is had on the modal split, and spaces to linger are defined—free of consumerism.

-4-
Das Teilen von Raum
Space sharing

- Klare Unterscheidung von Verkehrsräumen und Verweilräumen.
- Setzung modaler Schwerpunkte und Aufwertung aktiver Mobilitätsformen.
- Gestaltung deutlicher Bereiche für verschiedene Mobilitätsformen wie z.B. breite Gehsteige, getrennte Radwege, Reduzierung der Fahrspuren für den motorisierten Individualverkehr etwa durch die Zusammenlegung mit anderen passiven Mobilitätsformen wie dem ÖPNV.
- Einschreibung der modalen Schwerpunktsetzungen in ein Gesamtkonzept für das erweiterte Studiengebiet z.B. in einem Verkehrsplan.
- Anpassung der gemeinsamen Nutzung des Raums an den Rhythmus des Quartiers im Laufe des Tages und Jahres:
Ein Parkplatz wird (Jahr)markt, Stellplätze vor Schulen werden tagsüber für Räder von Eltern und Schülerinnen und nachts für die Autos der Anrainer (Flexparking) genutzt sowie variable Höchstgeschwindigkeit vor Schulen.
- Nutzung technologischer Hilfsmittel zum flexibleren Teilen des Raums wie z.B. Verkehrsleitsysteme für Radfahrer oder Parkplatzsuchende.
- Integration und Sichtbarmachung von Car- und Bikesharing im öffentlichen Raum und deren Vernetzung mit multimodalen Knoten.
- Berücksichtigung schwächerer Verkehrsteilnehmer wie z.B. Menschen mit eingeschränkter Mobilität durch barrierefreie und benutzerfreundliche Gestaltung.
- Gute Verortung von Haltestellen öffentlicher Verkehrsmittel und Aufwertung multimodaler Knoten.

⟶ Am Beispiel: Sonnenfelsplatz (Graz)

Die komplexe fünfarmige Kreuzung wurde als Begegnungszone von Fassade zu Fassade ohne bauliche Trennung der Zonen für Fußgänger, Radfahrer, Autos und Busse umgestaltet. Bäume, Fahrradbügel und Gastgärten strukturieren den Platz und definieren autofreie Bereiche.

Best practice: Sonnenfelsplatz **Location:** Graz, Austria **Design:** Kleboth und Dollnig
Completion: 2011 **Area:** 3000 m² **Former use:** crossing

- Clear differentiation between traffic spaces and spaces for lingering.
- Definition of modal priorities and enhancement of active forms of mobility.
- Design of clear areas for different forms of mobility, e.g. wide sidewalks, protected bike lanes, reduction in lanes for motorized private transport, eventually by combining them with lanes for other passive mobility forms, such as public transport.
- Inscribing of modal priorities into an overall concept for the broader area of study, e.g. into a mobility plan.
- Adaptation of shared use of the space to the rhythm of the neighborhood throughout the day and year: a car park is transformed into a market or a funfair; parking spaces outside schools are used for parents' and pupils' bikes in the day and for resident parking in the evening (flexparking); variable speed limits outside schools.
- Use of technology for more flexible space sharing, e.g. traffic guidance systems for cyclists or people looking for parking spaces.
- Integration and highlighting of car and bike sharing in the public space and their connection with multimodal hubs.
- Consideration of weaker road users, e.g. by making spaces accessible and user-friendly for people with limited mobility.
- Well-located public transport stops. Upgrading of multimodal hubs.

→ On the example of: Sonnenfelsplatz (Graz)
The complex, five-armed crossway was redesigned as a shared space from façade to façade and without any constructed divisions between the zones for pedestrians, bikes, cars, and busses. Trees, bike stands, and outside eating areas give the space structure and define car-free areas.

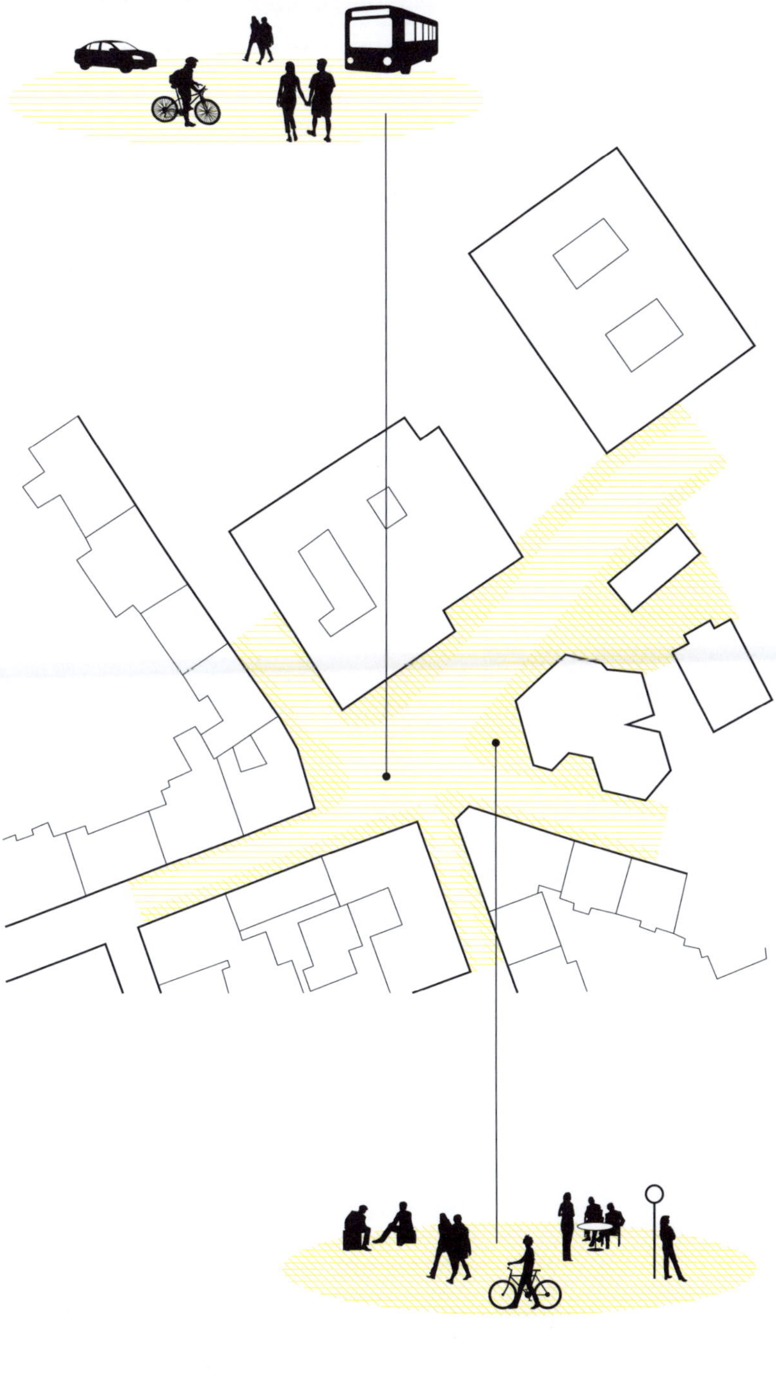

- Gestaltung eines einladenden öffentlichen Raums für vielseitige Nutzung mit Spielflächen, Erholungsbereichen etc.
- Berücksichtigung der (mikro)klimatischen Bedingungen vor Ort durch die Schaffung von schattigen und sonnigen Flächen, windgeschützten Bereichen etc.
- Berücksichtigung der Bedürfnisse und Wünsche lokaler Nutzer des öffentlichen Raums, Erhalt und Verstärkung bereits bestehender und Anregung neuer Nutzungsarten.
- Anordnung des urbanen Mobiliars so, dass der öffentliche Raum gut lesbar und für alle durchlässig und flexibel nutzbar ist.
- Die Beleuchtung des öffentlichen Raums orientiert sich an den verschiedenen Tages- und Jahreszeiten und trägt den Bedürfnissen aller Nutzergruppen (z.B. junge, alte und Menschen mit eingeschränkter Mobilität) Rechnung.
- Schaffung von Möglichkeiten für spontane und reversible Aneignungsprozesse durch Bewohnerinnen wie z.B. Bücherboxen, Infosäulen, Urban Farming-Aktivitäten, Baumscheibenbepflanzung etc.
- Gewährleistung von objektiver und subjektiver Sicherheit durch die Gestaltung, u.a. durch Beleuchtung und die Vermeidung schlecht einsehbarer Bereiche.

⟶ Am Beispiel: Passeig de Sant Joan (Barcelona)
Im Zuge der Neugestaltung des Straßenraums wurden größere Gehsteigzonen angelegt mit Platz für Bäume, Sitzgelegenheiten und Gastgärten. Dies fördert Begegnungen und den Austausch zwischen den Anrainern.

Best practice: Passeig de Sant Joan **Location:** Barcelona, Spain **Design:** Lola Domènech
Completion: 2014 **Area:** 31,500 m² **Former use:** road

- Design of an inviting public space for diverse use with play areas, relaxation areas, etc.
- Consideration of local (micro)climatic conditions by creating shaded and sunny areas, shelter from the wind, etc.
- Consideration of needs and wishes of local users of the public space; maintenance and enhancement of existing uses, and facilitation of new ones.
- Organization of urban furniture to make the public space easy to read and to ensure that everyone can use it in an open and flexible way.
- Lighting in the public space is adapted to different times of day and seasons. It is appropriate for the needs of all user groups (e.g. young and old, people with limited mobility).
- Creation of opportunities for residents to make the space their own, in ways that are spontaneous and reversible, such as book boxes, information pillars, urban farming activities, planting in tree pits, etc.
- Ensuring of objective and subjective safety through the design, e.g. lighting and avoidance of hidden areas.

→ On the example of: Passeig de Sant Joan (Barcelona)
As part of the redesign of the street, larger sidewalk zones were created with space for trees, seating, and outdoor eating areas. This promotes interaction and exchange between residents.

- Die Gestaltung des Raums ermöglicht eine große Bandbreite alltäglicher Aktivitäten durch verschiedene Nutzer.
- Der Entwurf erlaubt die Durchführung von besonderen Veranstaltungen und temporären Ereignissen wie Märkten, Festivals, Nachbarschaftsfesten etc.
- Die Gestaltung ist spezifisch, bietet aber genügend Flexibilität für verschiedene temporäre Nutzungsarten wie z.B. die Einrichtung von Spielstraßen in den Ferien, „Schulstraßen", die zu Schulbeginn und -ende für Autos gesperrt sind oder Geschäftsstraßen, die zu bestimmten Zeiten für Lieferanten geöffnet werden.
- Die Gestaltung ist zugänglich und robust und fördert so die Aneignung des öffentlichen Raums durch verschiedene Nutzergruppen.
- Die Gestaltung des Raums ist weitestgehend barrierefrei und sieht hindernisfreie Bereiche vor, so dass er von allen auf vielfältige Art und Weise genutzt werden kann.

⟶ Am Beispiel: Museumpark (Rotterdam)

Im Park gibt es eine große, freie Asphaltfläche, auf die eine überdimensionale alternative Europaflagge – der EU-Barcode – aufgebracht ist. Der ansonsten radikal leere Raum kann für diverse temporäre Aktivitäten genutzt werden.

Best practice: Museumpark **Location:** Rotterdam, The Netherlands **Design:** OMA / Inside Outside
Completion: 1994 / 2011 **Area:** 40,000 m² **Former use:** car parking (underneath)

- The design of the space allows for a wide range of everyday activities performed by different users.
- The project also allows special events and temporary activities, such as markets, festivals, neighborhood parties, etc., to take place.
- The design is specific, but provides enough flexibility for different temporary uses, such as the setting up of play streets in the holidays, "school streets" that are not accessible to cars at the start and end of the school day, or shopping streets that are opened for deliveries at particular times.
- The design is open and robust, encouraging different user groups to make the public space their own.
- The design of the space is as accessible as possible and provides for areas without obstructions so that it can be used by everyone in many different ways.

→ On the example of: Museumpark (Rotterdam)
The park contains a large, empty asphalt surface covered with a large-scale alternative European flag, the EU Barcode. Apart from this, the space is radical in its emptiness and can be used for diverse temporary activities.

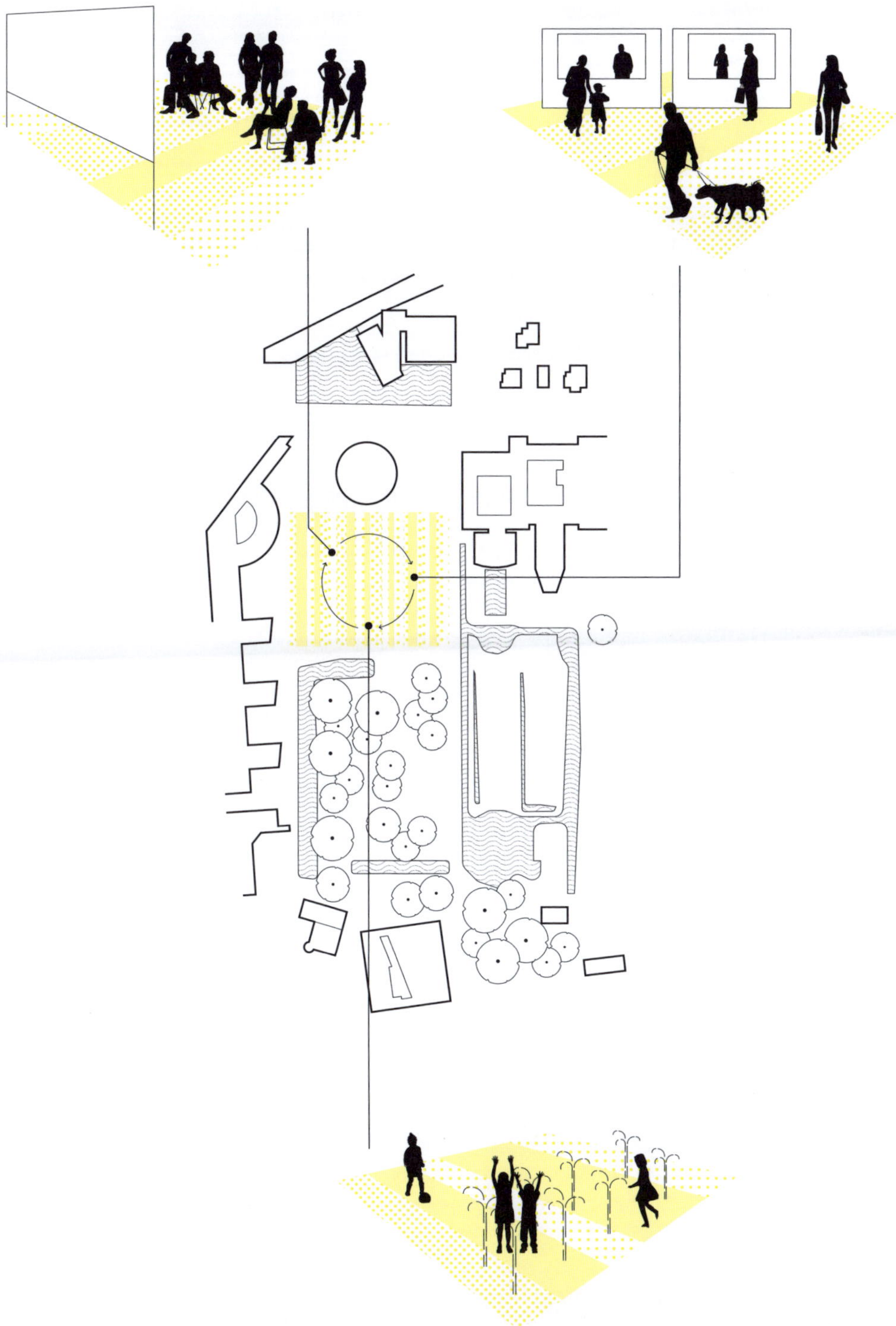

- Berücksichtigung laufender und zukünftiger Aktivitäten, die von den Anrainern und Nachbarn ausgehen und einen Beitrag zur Belebung und Frequentierung der öffentlichen Räume leisten können.
- Der Entwurf fördert den Fortbestand derartiger Aktivitäten und unterstützt diese bzw. ihre Weiterentwicklung ohne dabei andere Nutzungsarten des öffentlichen Raums einzuschränken.
- Die Gestaltung des Raums zeichnet sich durch Beständigkeit und Flexibilität aus, so dass er auf Veränderungen oder das Wegfallen der von den angrenzenden Wohnhäusern ausgehenden Aktivitäten reagieren kann.
- Qualitativ hochwertige Gestaltung des Übergangs zwischen öffentlichem Raum und Gebäuden bzw. deren privaten oder kollektiven Freiräumen. Gegebenenfalls kann über Maßnahmen nachgedacht werden, welche die Nutzerinnen und Bewohner dabei unterstützen, sich den Raum anzueignen.
- Angebote für alle Altersgruppen wie z.B. Spielplätze, Sportfelder, Sitzgelegenheiten.
- Soziale Kontrollmechanismen sind technischen Kontrollmechanismen vorzuziehen.
- Berücksichtigung von Belastungsfaktoren für die Anwohner wie z.B. Lärmbelästigung oder Lichtverschmutzung.

⟶ Am Beispiel: La petite ceinture (Paris)
Die alte, seit Jahren ungenutzte Bahntrasse mitten durch die Stadt wird für und durch Aktivitäten aus der Nachbarschaft wiederentdeckt und erschlossen. Den bestehenden und zukünftigen Nutzungen durch Anrainer wird dabei Priorität eingeräumt.

Best practice: La petite ceinture **Location:** Paris, France **Design:** The residents accompanied by Floquart & Dior, OIKOS, Le Bruit du Frigo **Construction:** ongoing **Length:** 32 km in total **Former use:** railway

- Consideration of current and future activities initiated by neighbors and residents, which can help enliven public spaces and make them busier.
- The design facilitates the continuation of these types of activities and encourages their development without limiting other types of uses of the public space.
- The design of the space stands out due to its durability and flexibility, which means that it can react to changes or to the cessation of activities organized by the inhabitants or users of the nearby buildings.
- High quality design of the transition between public space and buildings and/or their private or collective open spaces. If relevant, consideration of measures encouraging users and residents to appropriate the space.
- Spaces for all age groups, e.g. playgrounds, sports grounds, seating.
- Social control mechanisms are to be preferred to technical control mechanisms.
- Consideration of stresses for residents, such as noise or light pollution.

——→ On the example of: La petite ceinture (Paris)
The old, long disused railway line traversing the city is rediscovered and opened up for and by neighborhood activities. This process gives priority to existing and future usages by residents.

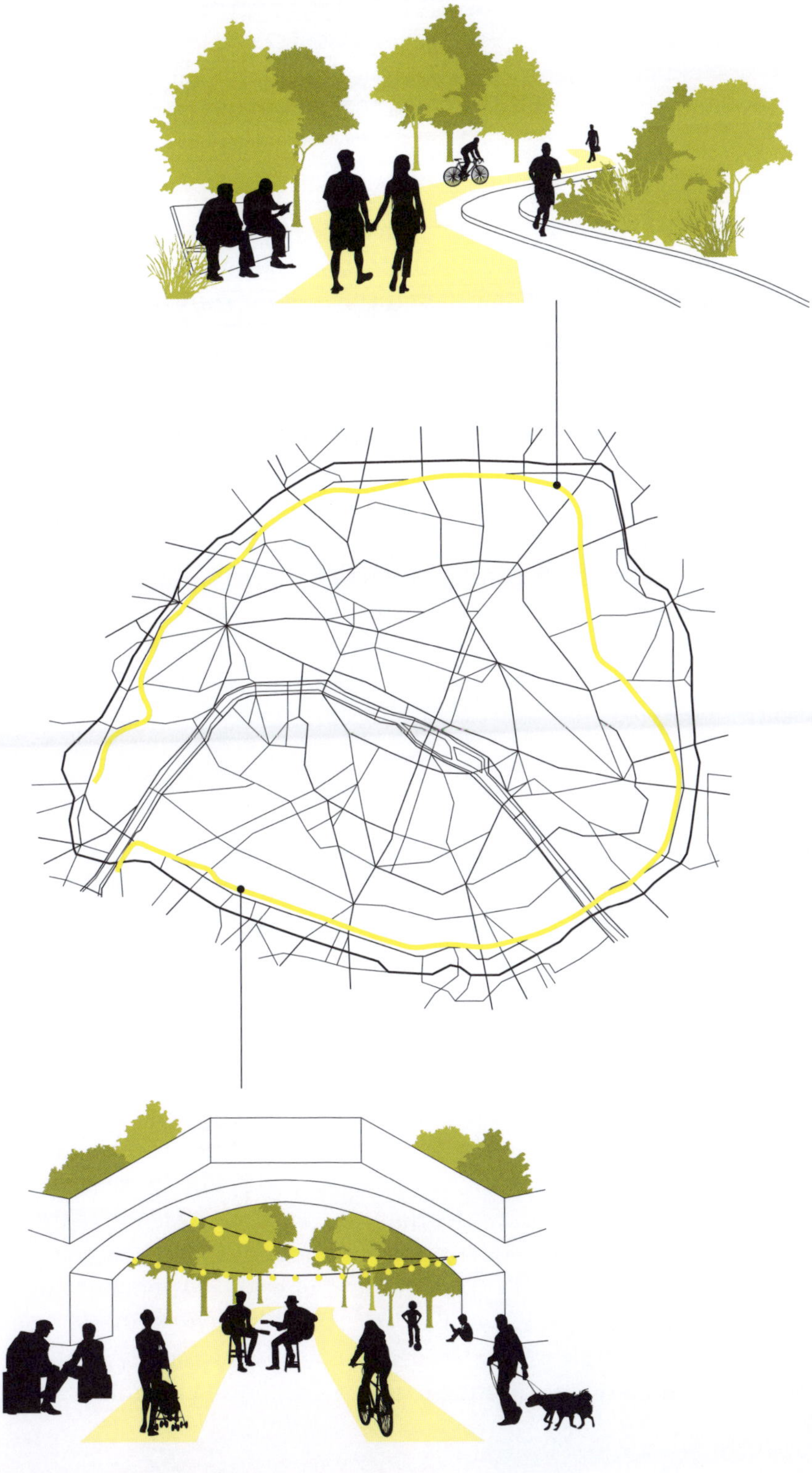

-5-

Hin zu einem Gleichgewicht mit der Umwelt

Integration des Projekts in bestehende Ökosysteme und Kreisläufe und – bestenfalls – deren Verbesserung. Dies betrifft die Wasser-, Abfall- und Energieströme sowie den Metabolismus von Boden, Bepflanzung und Baumaterial.

Die Transformation eines Verkehrsraums in öffentlichen Raum bietet die Möglichkeit, positiven Einfluss auf die Material- und Energieströme auszuüben. Bei Entwurf und Ausführung ist ein adäquater, sparsamer Umgang mit den urbanen (städtischer Raum) und natürlichen Ressourcen an den Tag zu legen. Darüber hinaus ist es wünschenswert, dass das Projekt einen Mehrwert für die direkte oder weitere Umgebung schafft, z.B. durch Energieerzeugung oder die Verbesserung des Wasserhaushalts. So ermöglicht z.B. die grüne Umgestaltung eines asphaltierten Verkehrsraums die Reaktivierung von Ökosystemdienstleistungen: Der Boden wird wieder Teil des Systems zur Aufnahme, Infiltration und Speicherung von Regenwasser, neue Bepflanzung verbessert die Luftqualität durch CO_2-Aufnahme und das Filtern von Feinstaub und vermindert zudem Hitzeinseleffekte in der Stadt. Restmaterialien, die während der Umbauarbeiten anfallen, können bereits in die Konzeption des Entwurfs einbezogen werden und zu einer kreativen und nachhaltigen Gestaltung beitragen.

Towards a balance with the environment

Integrating the project into existing ecosystems and cycles, ideally improving them. This refers to water, waste, and energy flows as well as to the metabolism of soil, planting, and building material.

Transforming traffic space into public space provides the opportunity to positively influence the material and energy flows. It is important to ensure an appropriate, economical use of urban and natural resources (energy, water, etc.) when designing and implementing the project. It should also benefit the direct or indirect environment, e.g. through energy production or improvement of the water balance. For example, the green redesign of an asphalted traffic space enables the reactivation of ecosystem services: the soil again becomes part of the system of absorbing, filtering, and storing rainwater; new planting improves air quality by absorbing CO_2 and filtering particulate matter, while also reducing heat island effects in cities. Left over material that results from the renovation work can be considered as early as during project conception, contributing to a creative and sustainable design.

-5-
Der Metabolismus
The metabolism

- Vermeidung von Transport und externer Lagerung von Aushubmaterial durch eine topografische Gestaltung des Areals, die auf eine ausgeglichene Bodenbilanz abzielt.
- Entsieglung von Böden zur Verbesserung der Infiltration von Regenwasser.
- Förderung der lokalen Lebensmittelerzeugung, etwa durch Gemeinschaftsgärten.
- Berücksichtigung eventuell vorhandener Bodenkontaminationen.
- Leichte Belastungen können durch Konstruktions- und Ausführungsmethoden aufgefangen werden, wie z.B. durch das Vermeiden von Aushubarbeiten und unterirdischen Infrastrukturen wie Leitungen bzw. die Anwendung von alternativen, punktuellen Fundierungsmethoden.
- Für Bereiche mit leicht kontaminierten Böden können Zwischennutzungen angedacht werden, die weniger sensibel sind als etwa Wohnen.
- Schwer belastete Böden, die einen Austausch erfordern, können umweltschonend vor Ort saniert oder das kontaminierte Erdreich vor Ort deponiert, gesichert und abgedeckt und so als Gestaltungselement in den Entwurf miteinbezogen werden.

→ Am Beispiel: De Ceuvel (Amsterdam)

Das leicht kontaminierte ehemalige Hafengebiet wurde temporär mit Wohnbooten urbanisiert, da es nicht direkt für eine Wohnbebauung geeignet war. Nach der natürlichen Bodensanierung können das Gelände bebaut und die Boote anderweitig genutzt werden.

Best practice: De Ceuvel **Location:** Amsterdam, The Netherlands **Design:** DELVA, Metabolic Label, Space & Matter, Studio Valkenier **Completion:** 2012 **Area:** 4500 m² **Former use:** harbour

- Avoidance of transportation and external storage of excavated material through topographical design of the site that aims to achieve a balanced use of soil.
- De-paving of ground to improve rainwater infiltration.
- Encouragement of local food production, e.g. through community gardens.
- Consideration of potential soil contamination.
- Light environmental strains can be absorbed by suitable construction and implementation methods, such as the avoidance of excavation works and underground infrastructure, e.g. pipes, and the use of alternative foundation methods.
- Interim uses less sensitive than living areas can be considered for areas with slightly contaminated soils.
- If it is necessary for the soil to be replaced due to severe pollution, an eco-friendly, on-site clean up of the area may be possible—or the contaminated soil can be deposited, secured, and covered up elsewhere in the area to then be included in the project as a design element.

→ On the example of: De Ceuvel (Amsterdam)
The slightly contaminated former harbor was temporarily urbanized using houseboats, as the area was not immediately suitable for the construction of residential buildings. Following natural soil rehabilitation, the site can be built on and the boats repurposed.

- Sicherstellung einer einfachen Instandhaltung des neu gestalteten öffentlichen Raums.
- Die Auswahl der Materialien, des urbanen Mobiliars und der Bepflanzung orientiert sich am Ort und an der Nutzung (Klima, Boden, Verkehrsbelastung, Benutzerfreundlichkeit für Fußgänger und Radfahrerinnen etc.).
- Die Auswahl der Materialien, des urbanen Mobiliars und der Bepflanzung gewährleisten im Fall von Beschädigungen einfache und kostengünstige Reparatur bzw. Austausch. Eine langfristige Verfügbarkeit der Materialien und Elemente ist zu gewährleisten.
- Der Projektentwurf schafft die Voraussetzungen für ein differenziertes Management des öffentlichen Raums. Gegebenenfalls kann die Instandhaltung für einen bestimmten Zeitraum als Teil des Leistungsverzeichnisses für die Ausführungsarbeiten aufgeführt werden.
- Alternativ kann die Instandhaltung durch die lokale Gemeinschaft gewährleistet werden.
- Förderung der gemeinschaftlichen Nutzung von Einrichtungen und Infrastrukturen wie z.B. kollektive Gärten, Spielplätze oder Stellplätze.

→ Am Beispiel: Alter Flugplatz Bonames (Frankfurt)
Das frühere Flughafengelände wurde in einen Landschaftspark umgestaltet. Die ehemaligen Landebahnen wurden zugänglich gemacht, teilweise aufgebrochen und bepflanzt und bilden so ein zentrales, instandhaltungsfreundliches Gestaltungselement.

Best practice: Alter Flugplatz Bonames **Location:** Frankfurt, Germany **Design:** GTL-Landschaftsarchitektur
Completion: 2004 **Area:** 77,000 m² **Former use:** air base

- Ensuring easy upkeep of the redesigned public space.
- Focus on place and usage (climate, soil, traffic, ease of use for pedestrians and cyclists, etc.) when choosing materials, urban furniture, and planting.
- Ensuring easy and cheap repair or replacement in the case of damages when choosing materials, urban furniture, and planting. Long-term availability of the materials and elements is to be guaranteed.
- The project design creates the prerequisites for a differentiated management of the public space. If relevant, upkeep for a particular period of time can be listed in the bill of quantities for the implementation work.
- Alternatively, upkeep can be undertaken by the local community.
- Encouragement of shared use of facilities and infrastructure, such as community gardens, playgrounds, or parking spaces.

→ On the example of: Alter Flugplatz Bonames (Frankfurt)
A former air base was redesigned as a landscape park. The old runways were made accessible, in part broken up and planted to create a central easy-to-maintain design element.

- Das Projekt leistet einen Beitrag zur Verbesserung der Vielfalt von Flora und Fauna.
- Verankerung des Projekts in bestehenden ökologischen Strukturen.
- Abstimmung der Bepflanzung auf die örtlichen Gegebenheiten z.B. hinsichtlich Arten, Bestandsdichte, Biodiversität, Größe, Farbe, Robustheit etc.
- Sicherstellung einer guten Ausführung und späteren Pflege der Bepflanzung.
- Konfiguration des Geländes und der Bepflanzung so, dass diese zur Verbesserung der Luftqualität und des thermischen Komforts (Vermeidung des Hitzeinseleffekts) beiträgt.
- Berücksichtigung der Sonneneinstrahlung, der Luftströme sowie der Evapotranspiration durch die Bepflanzung.
- Anstreben eines angemessenen Verhältnisses von versiegelten zu unversiegelten Oberflächen.
- Förderung der biologischen Vielfalt an Straßenrändern, Bahndämmen und Uferböschungen.
- Gestaltung und Koproduktion des öffentlichen Raums mit dem Ziel, umweltbewusste Verhaltensweisen zu fördern und entsprechende Initiativen zu unterstützen.

⟶ Am Beispiel: Het Ideale Straatprofiel (Genk)
Die temporäre Transformation einer autodominierten Straße zeigt, dass in den bestehenden Profilen buchstäblich Raum für die Lösung relevanter ökologischer Aufgaben wie Regenwasserspeicherung und -reinigung, Verminderung der Luftverschmutzung und der Wärmeinselwirkung zu finden ist.

Best practice: Het ideale straatprofiel **Location:** Genk, Belgium **Design:** LAMA landscape architects
Completion: 2013 **Area:** 83 m² **Former use:** road

- The project contributes to improving the diversity of flora and fauna.
- Anchoring of the project in existing ecological structures.
- Harmonization of planting with local conditions, in terms of species, stand density, biodiversity, size, color, robustness, etc.
- Ensuring of good implementation and later maintenance of planting.
- Configuration of site and of space and planting to help improve the local air quality and thermal comfort (preventing the heat island effect).
- Consideration of solar radiation, air currents, and evapotranspiration of the planting.
- Aiming for an appropriate ratio of paved and unpaved surfaces.
- Promotion of biological diversity at roadsides, railway embankments, and bank slopes.
- Design and co-production of public space with the aim of encouraging environmentally friendly behavior and supporting related initiatives.

→ On the example of: Het Ideale Straatprofiel (Genk)
The temporary transformation of a street dominated by cars shows that existing profiles really do leave space for undertaking relevant ecological tasks, such as storing and cleaning rainwater, reducing air pollution, and limiting heat islands.

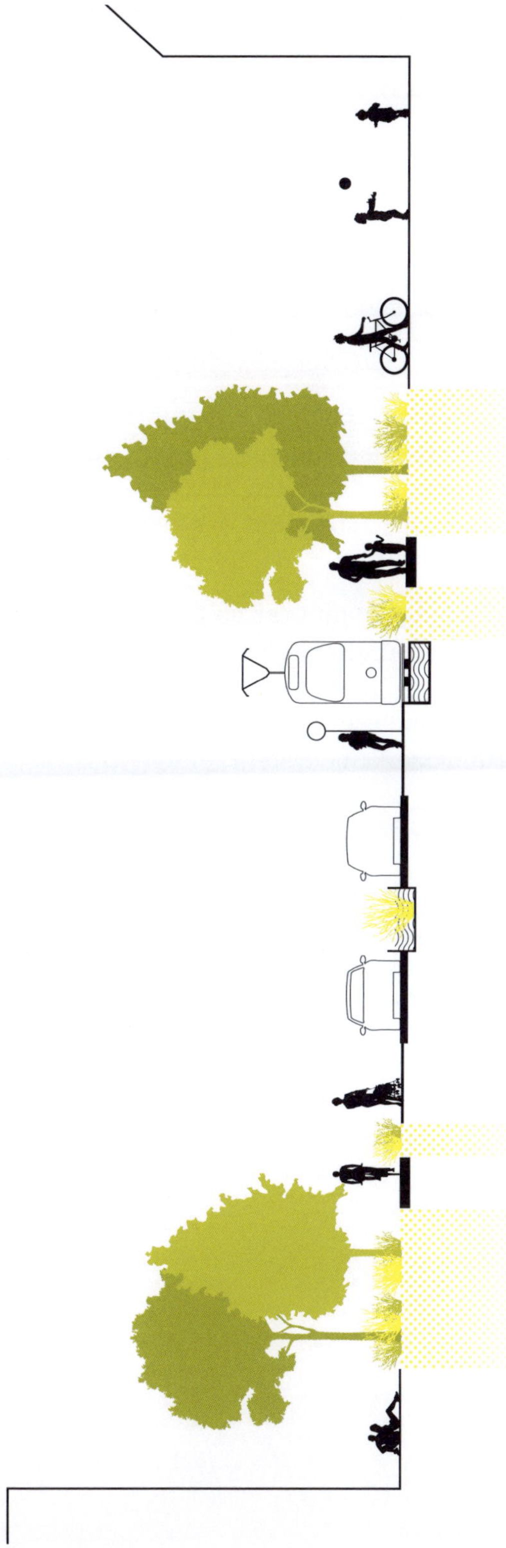

- Das Projekt leistet einen Beitrag zur kurz- und langfristigen Verbesserung der Wasserqualität und/oder des Umgangs mit Regen- und Abwasser.
- Verankerung des Projekts in den bestehenden blauen ökologischen Strukturen des Ortes.
- Nutzung des Potenzials von sicht- und erfahrbarem Wasser im städtischen Raum als Erlebnis und zur Verbesserung des lokalen Klimas.
- Der Entwurf berücksichtigt Überschwemmungsrisiken.
- Er umfasst Maßnahmen zur integrierten Regenwasserbewirtschaftung unter Berücksichtigung der Wasserdurchlässigkeit der Böden sowie eventueller Verunreinigungen des von Straßen und Parkplätzen abfließenden Regenwassers.
- Verlangsamung der Ableitung von Regenwasser in die Kanalisation durch die Gestaltung der Oberflächen (z.B. durch Wadis), welche das Abfließen des Wassers in die Kanalisation verzögert, seine Speicherung begünstiget und das Kanalsystem somit entlastet.
- Planung von Regenwasserauffangbecken zur Bewässerung von Grünflächen.

⟶ Am Beispiel: Waterplein (Tiel)
Der wasserundurchlässige und vertieft angelegte Platz dient als Spiel- und Sportplatz für eine Schule. Bei Starkregen wird das Wasser gesammelt und verzögert abgegeben, wodurch die Kanalisation entlastet wird und kleiner dimensioniert werden kann.

Best practice: Waterplein Tiel **Location:** Tiel, The Netherlands **Design:** DE URBANISTEN
Completion: 2016 **Area:** 1800 m² **Former use:** car parking

- The project contributes to the short- and long-term improvement of water quality and/or the way in which rainwater and wastewater is dealt with.
- Anchoring of the project in the existing blue, ecological structures of the place.
- Harnessing visible and tangible water as an element to be experienced in the urban space and using it to improve the local climate.
- The design takes flood risks into account.
- It includes measures for integrated rainwater management, factoring in soil permeability as well as possible pollution of rainwater run-off from roads and car parks.
- Design of surfaces (e.g. using wadis) that reduce pressure on the sewage system by delaying rainwater drainage and aiding storage.
- Design of rainwater collection basins for watering green spaces.

→ Am Beispiel: Waterplein (Tiel)

The watertight, sunken square serves as a playground and sports area for a school. During heavy rain, the water is collected and released gradually to reduce pressure on the sewage system, which can therefore be of a smaller scale.

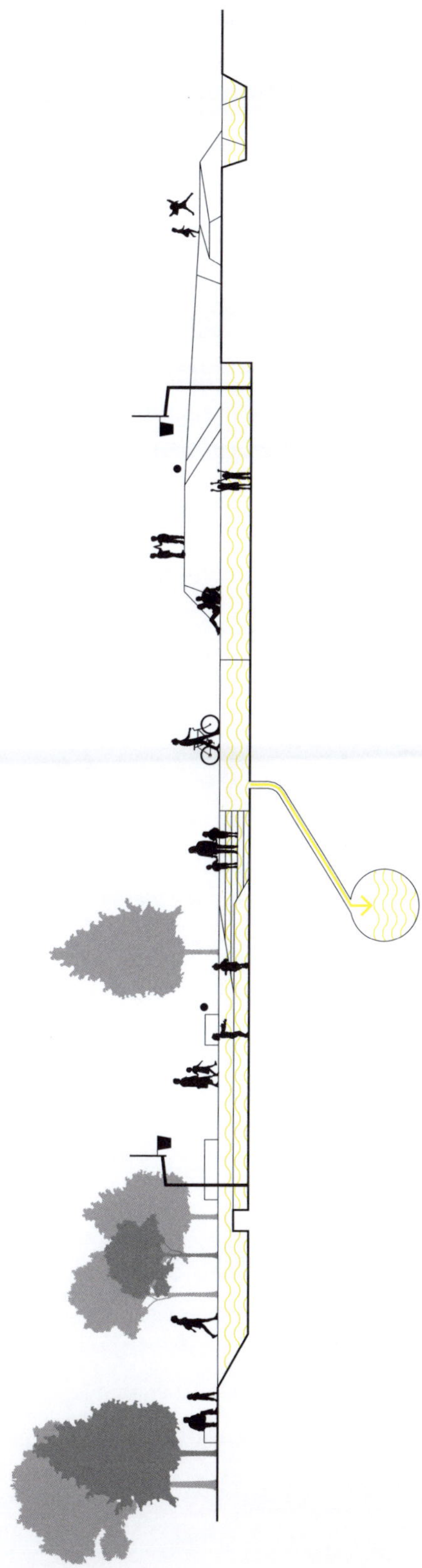

- Berücksichtigung des gesamten Lebenszyklus bei der Auswahl der Materialien (Kosten für Material, Ausführung, Instandhaltung und Entsorgung).
- Auswahl von robusten, nachhaltigen und strapazierfähigen Materialien.
- Prüfung der Wiederverwertbarkeit von vor Ort vorhandenen Materialien für das Projekt.
- Einsatz von recycelten bzw. recyclingfähigen Baustoffen.
- Kooperation mit Recyclinghöfen und Recyclingbörsen, um einen erweiterten Materialkreislauf von Baustoffen und innovative Gestaltungsideen zu fördern.
- Fördern von nachbarschaftlicher Selbstorganisation zum Herstellen von Kompost durch die Bereitstellung von Sammelstellen.
- Sammeln und Nutzen von im öffentlichen Raum anfallender Biomasse für die zentrale oder dezentrale Energiegewinnung.

⟶ Am Beispiel: Park Spoor Oost (Antwerpen)
Bei der Umgestaltung des ehemaligen Bahngeländes in einen Park wurden die vor Ort bereits vorhandenen Materialien und Artefakte gezielt recycelt, um eine nachhaltige und dabei charakteristische, standortspezifische Gestaltung des Freiraums zu erreichen.

Best practice: Park Spoor Oost **Location:** Antwerp, Belgium **Design:** Tractebel - Technum, Rotor vzw
Completion: 2016 **Area:** 100,000 m² **Former use:** railway

- ~ Consideration of entire life cycle when selecting materials (cost of materials, workforce, upkeep, and disposal).
- ~ Selection of robust, sustainable, and durable materials.
- ~ Checking of whether materials on site can be reused for the design.
- ~ Use of recycled or recyclable building materials for implementation.
- ~ Cooperation with recycling centers and recycling exchanges to try and extend the material cycle of building materials and encourage innovative design ideas.
- ~ Encouraging neighborhoods to produce their own compost by providing collection points.
- ~ Collection and usage of biomass accumulated in the public space for centralized or decentralized energy production.

——→ On the example of: Park Spoor Oost (Antwerpen)
When transforming the former railway site into a park, existing on-site materials and artifacts were carefully recycled to design an open space that was sustainable, characteristic, and site-specific.

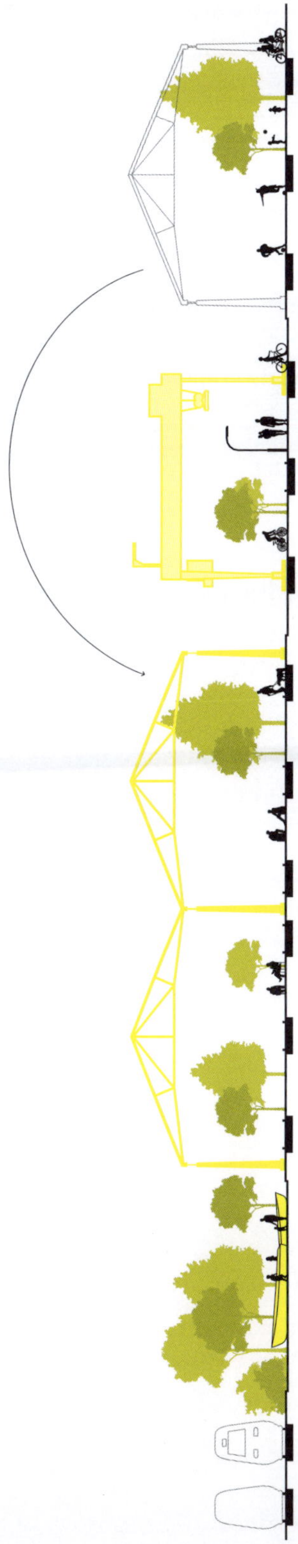

~ Einsatz energiesparender Techniken bei der Realisierung, aber vor allem auch bei der späteren Nutzung des öffentlichen Raums.

~ Die Gestaltung des öffentlichen Raumes begünstigt umweltfreundliche Mobilität und leistet damit einen Beitrag zur Reduzierung der Abhängigkeit von fossilen Energieträgern und zur Begrenzung der Klimaerwärmung.

~ Integration von Elementen zur Energiegewinnung wie z.B. Photovoltaik- und Solaranlagen, Wärmepumpen, Windräder oder Biomasseanlagen.

~ Der Entwurf zielt auf eine Optimierung der Luftqualität vor Ort und insbesondere darauf ab, die Luftverschmutzung sowie die Feinstaubbelastung zu verringern.

~ Die öffentliche Beleuchtung ist ausreichend, aber nicht überdimensioniert und nutzt moderne Technologien wie LED und dynamische Beleuchtung, um den Energieverbrauch zu minimieren.

~ Vermeidung von Lichtverschmutzung etwa durch Begrenzung von Anzahl und Stärke der Lichtquellen sowie durch sinnvolle Positionierung.

———→ Am Beispiel: Parc del Fòrum (Barcelona)
Die Struktur dient der Beschattung eines öffentlichen Freiraums in einem ehemaligen Hafengebiet und produziert mehr als 500.000 kWh Strom pro Jahr. Sie verleiht der Energiegewinnung skulpturale Qualitäten und wird zu einem architektonischen Zeichen für Nachhaltigkeit.

Best practice: Parc del Fòrum **Location:** Barcelona, Spain **Design:** Elías Torres, José Antonio Lapeña
Completion: 2004 **Area:** 84,000 m² **Former use:** harbour

- Use of energy-saving technologies for realization and, even more importantly, for the later use of the public space.
- The design of the public space promotes environmentally friendly mobility, thus contributing to a reduction in the dependence on fossil fuels and to limiting global warming.
- Integration of elements for generating energy, such as photovoltaic and solar panels, heat pumps, wind turbines, or biomass plants.
- The project aims to optimize local air quality and, in particular, reduce air pollution and the accumulation of particulate matter.
- Public lighting is sufficient, but not overdimensioned, and uses modern technologies, such as LEDs and dynamic lighting to minimize energy use.
- Avoidance of light pollution, for example, by limiting the number and strength of light sources, and through sensible positioning.

⟶ On the example of: Parc del Fòrum (Barcelona)
The structure provides shade in an open public space at a former port and produces over 500,000 kWh of electricity per year. It lends sculptural qualities to energy generation and is an architectonic symbol of sustainability.

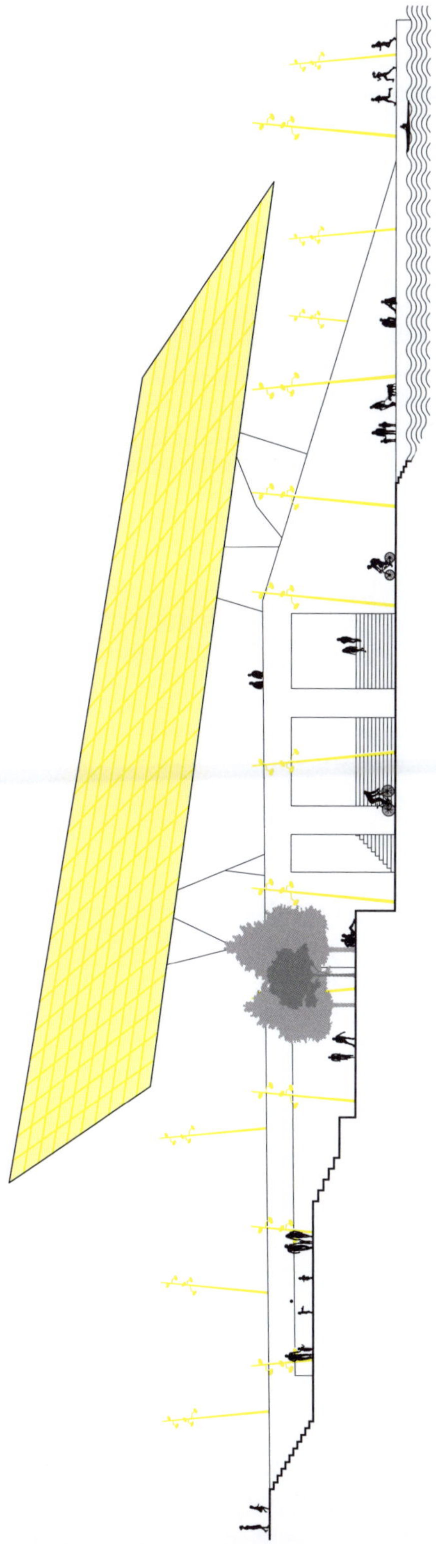

6

Hin zu mehr Schlichtheit

Schaffung eines einfachen, gut lesbaren und übersichtlichen öffentlichen Raums, der von allen überflüssigen Elementen befreit ist. Die Gestaltung ist schlicht und nicht überzeichnet, erfasst den Genius Loci und verstärkt damit die intrinsischen Qualitäten des Ortes.

Die Konzeption des Projekts ergänzt und verstärkt die anliegenden bebauten und unbebauten Räume beziehungsweise den landschaftlichen Kontext. Dabei kann mit Blickbeziehungen und perspektivischen Wirkungen gearbeitet werden, um das Projekt in seinem Kontext zu verorten und als Teil des bestehenden öffentlichen Raums in Szene zu setzen. Der Raum wird von Fassade zu Fassade gestaltet, dabei werden vor allem dem Auto geschuldete Beeinträchtigungen wie z.B. Niveauunterschiede durch Bordsteinkanten hinterfragt und gegebenenfalls eliminiert. Es wird nach einem maximalen Effekt unter Verwendung minimaler Mittel gestrebt. Die Palette an eingesetzten Materialien sollte überschaubar und unaufdringlichen bleiben, dabei aber aus qualitativ hochwertigen, soliden und gut zu verarbeitenden Materialien bestehen. Das urbane Mobiliar sollte schlicht und zeitlos sein und auf die Qualitäten des Ortes Bezug nehmen. Es kann sich dabei sowohl um maßgefertigtes als auch um Standardmobiliar handeln. Der Trick einer einfachen Ästhetik besteht darin, nachvollziehbar, schlicht und „sparsam“ zu arbeiten ohne die Räume banal werden zu lassen.

Towards more frugality

Creating easily readable and clear public space free of all unnecessary elements. The project is simple and not overdesigned, and embraces the genus loci, emphasizing the intrinsic qualities of the space.

The project design adds to and emphasizes the nearby built and non-built spaces and / or the surrounding landscape. Use can be made of visual connections and perspective to situate the project within its context and present it as part of the existing public space. The space is designed from façade to façade, questioning restrictions primarily caused by cars, such as differences of levels created by curbs, and eliminating them if possible. The aim is to achieve maximum effect with as few resources as possible. The palette of materials used should remain manageable and understated as well as being of high quality, robust, and easy to work. Urban furniture should be simple and timeless, and reflect local qualities, whether custom-made or standard products. The trick to achieving a simple aesthetic is to work in an understandable, frugal, and economical manner, without allowing the spaces to become banal.

-6-
Eine einfache Ästhetik
A simple aesthetic

- Aneignung von Wissen über die Geschichte des Ortes, heutige Zusammenhänge und gültige Rechtsvorschriften, die ihn prägen.
- Berücksichtigung historischer und gesellschaftlicher Bezugspunkte und besonderer Eigenschaften des Ortes, die seinen besonderen Charakter ausmachen und deren richtige Deutung/Einbettung in den Entwurf.
- Das Projekt betont die bestehenden Qualitäten wie z.B. die räumliche Komposition, angrenzende Gebäudeensembles, Landschaftssequenzen und andere besonderen Elemente und wertet diese auf.
- Das Projekt stärkt die Nachvollziehbarkeit der urbanen Strukturen und bringt bestehende Spuren in der Landschaft wie z.B. von historischen Bepflanzungen zur Geltung.
- Das Projekt verbessert die Orientierung in der Stadt und die Lesbarkeit der geografischen Gegebenheiten z.B. durch die perspektivische Hervorhebung visueller Bezugspunkte.

⟶ Am Beispiel: FUZI – Fußgängerzone Innichen/San Candido
Bei der Neugestaltung wurde der Dorfkern weitestgehend autofrei angelegt und so Raum für das Flanieren und Verweilen geschaffen. Die Gestaltung nimmt Bezug auf lokale Materialien und das baukulturelle Erbe, ohne historisierend zu sein.

Best practice: FUZI – Fußgängerzone Innichen **Location:** Innichen/San Candido, Italy
Design: AllesWirdGut **Completion:** 2007 **Area:** 6300 m² **Former use:** road

- Acquiring of knowledge about the narrative of the place, today's contexts, and relevant legislation that shapes the space.
- Consideration of historical and social points of reference, and particular characteristics of the place; their correct interpretation/inclusion in the design.
- The project emphasizes and enhances the existing qualities of the place, e.g. its spatial composition, adjacent ensembles of buildings, landscape sequences, and other special elements.
- The project makes the urban structures easier to understand and accentuates existing imprints in the landscape, such as historical planting.
- The project improves orientation in the city as well as the readability of geographical conditions, for example, by using perspective to highlight visual reference points.

⟶ On the example of:

FUZI – Fußgängerzone Innichen/San Candido

The redesign freed the village center almost entirely of cars, creating space where people can stroll and linger. The design of the public space refers to local materials and the built heritage without historicizing.

concrete slab
wooden terrace
water surface

- Die Gestaltung gewährleistet eine gute Lesbarkeit der Morphologie und Topografie des Ortes.
- Kritische Auseinandersetzung mit dem Raumprogramm und der Projektdefinition: was ist sinnvoll und wünschenswert und was nicht.
- Die Gestaltung trägt zur Klarheit des öffentlichen Raums bei und befreit diesen soweit wie möglich von unnötigem Beiwerk.
- Maximale Reduzierung der Anzahl der verschiedenen im öffentlichen Raum verteilten Objekte wie Schilder, Poller, Masten, Werbeelemente, Stromkästen, Abfallbehälter usw.
- Notwendige technische oder infrastrukturelle Elemente wie Lüftungsgitter von U-Bahnen oder Notausgänge von Tiefgaragen werden, z.B. durch Verlegung derselben an den Rand, so integriert, dass sie diesen nicht verunstalten.

——→ Am Beispiel: Place Léon Aucoc (Bordeaux)
Nach genauer Analyse des bestehenden Platzes beschlossen die Architekten, sich in gestalterischer Zurückhaltung zu üben und nichts zu tun, außer die vorhandenen Qualitäten zu verstärken und auf eine konsequente Instandhaltung zu bestehen.

Best practice: Place Léon Aucoc **Location:** Bordeaux, France **Design:** Lacaton & Vassal
Completion: 1996 **Area:** 1100 m² **Former use:** car parking

Spatial clarity -6-

- The design ensures easy reading of the morphology and topography of the place.
- Critical analysis of the spatial program and project definition: what makes sense and is wanted, and what not.
- The design contributes to clarity of the public space and frees it as far as possible from unnecessary features.
- Maximum reduction of the number of different objects spread throughout the public space, such as signs, bollards, pylons, advertisements, energy distribution boxes, rubbish bins.
- Necessary service or infrastructure elements, such as ventilation grilles for subways or emergency exits from underground garages, are integrated in such a way that they do not interfere with the design, e.g. by moving them to the edge of the space.

⟶ On the example of: Place Léon Aucoc (Bordeaux)
Following close analysis of the existing square, the architects decided to keep a low profile and do nothing except emphasize existing qualities and ensure regular upkeep.

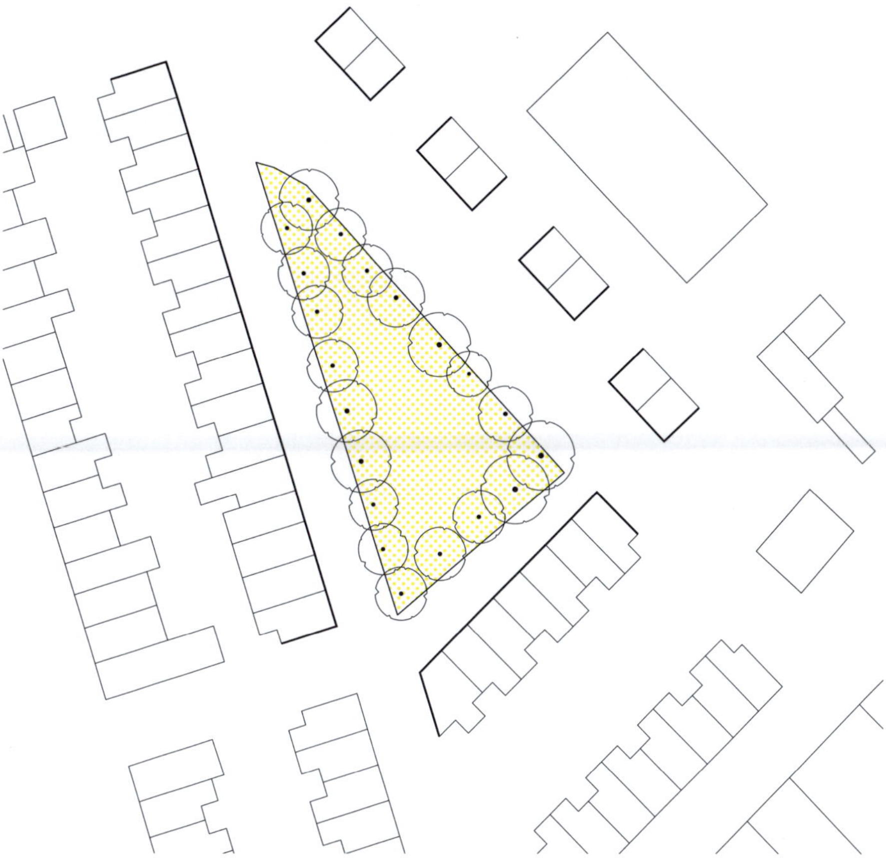

- Harmonisierung und Vereinheitlichung des öffentlichen Raums und Aufwertung des bestehenden städtischen bzw. landschaftlichen Gefüges durch die Wahl einfacher und schlichter Materialien, einer passenden Farbpalette und eines darauf abgestimmten urbanen Mobiliars.
- Verwendung genau bemusterter und in ihrer Anzahl und Heterogenität begrenzter Bodenbeläge.
- Die Materialien, das Mobiliar und die Vegetation bilden eine Einheit.
- Erstellung eines Moodboards und genaue Beschreibung der verwendeten Materialien im Leistungsverzeichnis. Dadurch werden Qualität, Kohärenz und Schlichtheit gewährleistet. Detaillierte Beschreibung der Umsetzung z.B. durch Verlegepläne.
- Berücksichtigung von Verkehrszeichen und anderen Verkehrseinrichtungen wie z.B. Fußgängerübergängen als integrale Bestandteile des Erscheinungsbilds.
- Gestalterische Integration der notwendigen Einrichtungen für Personen mit Sehbehinderung oder anderen Einschränkungen.
- Auseinandersetzung mit sowohl technischen als auch räumlichen Sicherheitsvorrichtungen wie Kameras, Pollern oder Betonsperren bereits in der Entwurfsphase.

——→ Am Beispiel: Tilla-Durieux-Park (Berlin)
Der Park wird von einem raumgreifenden landschaftlichen Element geprägt: ein langgestreckter Erdwall, dessen geometrisches Profil sich kontinuierlich verändert und so verschiedene räumliche Konditionen schafft, dies jedoch innerhalb einer ganzheitlichen, schlichten Form.

Best practice: Tilla-Durieux-Park **Location:** Berlin, Germany **Design:** DS Landschapsarchitecten
Completion: 2003 **Area:** 25,000 m² **Former use:** railway (underneath)

- Harmonization and simplification of the public space and enhancement of the existing urban or landscaped context by choosing simple materials, an appropriate color palette, and coordinating urban furniture.
- Use of carefully sampled flooring with limited variety and heterogeneity.
- The materials, furniture, and vegetation form a whole.
- Creation of a mood board and precise description of materials used in bill of quantities. This ensures quality, coherence, and frugality. Detailed description of the implementation in, for example, layout drawings.
- Consideration of traffic signs and other traffic infrastructure, such as pedestrian crossings, as an integral part of the appearance.
- Design integration of necessary features for people with visual impairments or other limitations.
- Focus on technical and spatial safety arrangements, such as cameras, bollards, or concrete barriers as early as the design phase.

→ On the example of: Tilla-Durieux-Park (Berlin)
The park is shaped by an expansive landscape element: an elongated earth wall with a geometric profile that continually changes to create different spatial conditions within one uniform, simple form.

- Erzeugung eines starken Gesamterscheinungsbilds des Projekts durch die Ausrichtung an herausragenden bzw. strukturgebenden Bauwerken oder Landschaftselementen und die Stärkung ihrer Funktion als Orientierungspunkte im öffentlichen Raum.
- Einbeziehung aller Sinne z.B. durch das Arbeiten mit visuellen Raumfolgen, der Taktilität der Oberflächen, Farbharmonien, den Klängen des Ortes oder dem Duft der Pflanzen.
- Die Beleuchtung des öffentlichen Raums unterstreicht dessen Besonderheiten und die seiner gebauten Umgebung. Sie wird nicht als rein funktionales Element verstanden, sondern als Teil einer urbanen Szenografie. Die szenografischen und funktionalen Qualitäten ergänzen einander.
- Ausarbeitung eines Beleuchtungskonzepts, welches die gewünschte Atmosphäre hervorruft.

→ Am Beispiel: Skanderbeg Square (Tirana)
Durch die streng geometrische Topografie wird genau in der Mitte des riesigen, weitgehend leeren Platzes sein höchster Punkt subtil in Szene gesetzt und der Besucher damit auf Augenhöhe mit der monumentalen Architektur und der Geschichte des Ortes gebracht.

Best practice: Skanderbeg Square **Location:** Tirana, Albania **Design:** 51N4E
Completion: 2017 **Area:** 98,000 m² **Former use:** car parking and road

- Creation of a powerful overall project appearance by basing the design around buildings or landscape elements that are prominent or create structure, and by emphasizing their function as landmarks in the public space.
- Involvement of all the senses in the design, e.g. by working with visual sequences of spaces, tactile surfaces, color harmonization, sounds of the space, or scents of plants.
- Lighting of the public space to emphasise its unique characteristics and those of its built environment. The lighting is not seen as a purely functional element, but as part of urban scenography. Scenographic and functional qualities complement one another.
- Development of a lighting concept that creates the desired atmosphere.

→ On the example of: Skanderbeg Square (Tirana)
The strict geometrical topography subtly sets the scene for the highest point in the middle of the largely empty square. Visitors are brought up to eye level with the monumental architecture and history of the place.

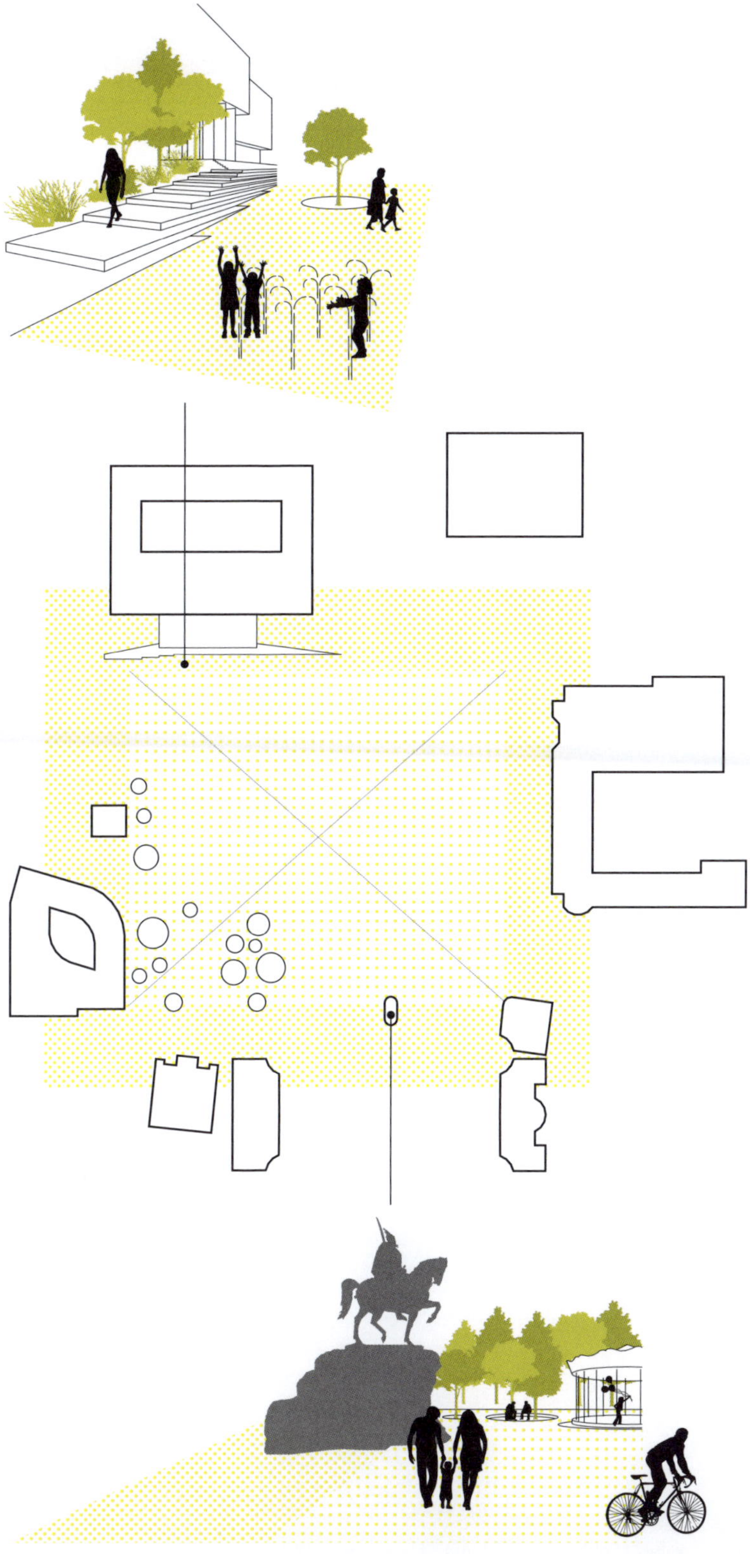

- ◇ Berücksichtigung der Eigenarten des Ortes beim Entwurf. Kritischer Umgang mit Standardlösungen bzw. Anpassung derselben, um zu einer ortsspezifischen Gestaltung zu gelangen.
- ◇ Einsatz von Bepflanzung, die die Ästhetik des Gesamtprojekts unterstreicht. Verwendung eines differenzierten Pflanzensortiments und Berücksichtigung der Vegetationszeiten.
- ◇ Entwurf bzw. Auswahl von Stadtmöblierungselementen wie z.B. Straßenbeleuchtung, Abfalleimern, Fahrradständern, Sitzbänken etc., die sich durch eine gewisse Kohärenz und Schlichtheit auszeichnen und gut zueinanderpassen.
- ◇ Einbeziehung von Kunstwerken wie Skulpturen oder Brunnen. Kunst im öffentlichen Raum ist als ein fixer Bestandteil des Projekts aufzufassen und nicht als spätere Ergänzung. Wenn möglich, sollte von Beginn an mit den Kunstschaffenden zusammengearbeitet werden.
- ◇ Planung von gut in den Raum integrierten Spielmöglichkeiten.

——→ Am Beispiel: Park Spoor Noord (Antwerpen)
Bei der Umgestaltung des ehemaligen Eisenbahngeländes wurde mit einer reduzierten, sich gut in die Umgebung einfügenden Materialauswahl gearbeitet: Beton, Pflastersteine und Gras. Ein alter Lokschuppen wird als offene, überdeckte Freifläche zum Kristallisationspunkt wechselnder Aktivitäten.

Best practice: Park Spoor Noord **Location:** Antwerp, Belgium **Design:** Studio Associato Bernardo Secchi Paola Viganò **Completion:** 2009 **Area:** 200,000 m² **Former use:** railway

- Consideration of the idiosyncrasies of a place in the design. Critical engagement with standard solutions and their adaptation to achieve a space-specific design.
- Planting that highlights the aesthetic of the whole project. Use of a differentiated selection of plants and consideration of growing seasons.
- Design and/or selection of urban furnishing elements, such as street lighting, rubbish bins, bike stands, and benches, that are coherent and simple at the same time as harmonizing well.
- Inclusion of art works, such as sculptures or fountains. Art in the public space is to be seen as an integral part of the project and not as a late addition. The aim is to work together with artists from the very beginning.
- Planning of play areas that are well integrated into the space.

→ On the example of: Park Spoor Noord (Antwerp)
When redesigning this former railway yard, a small selection of materials was used that harmonized well with the environment: concrete, paving stones, and grass. An old engine shed provides an open but covered space as the focal point of changing activities.

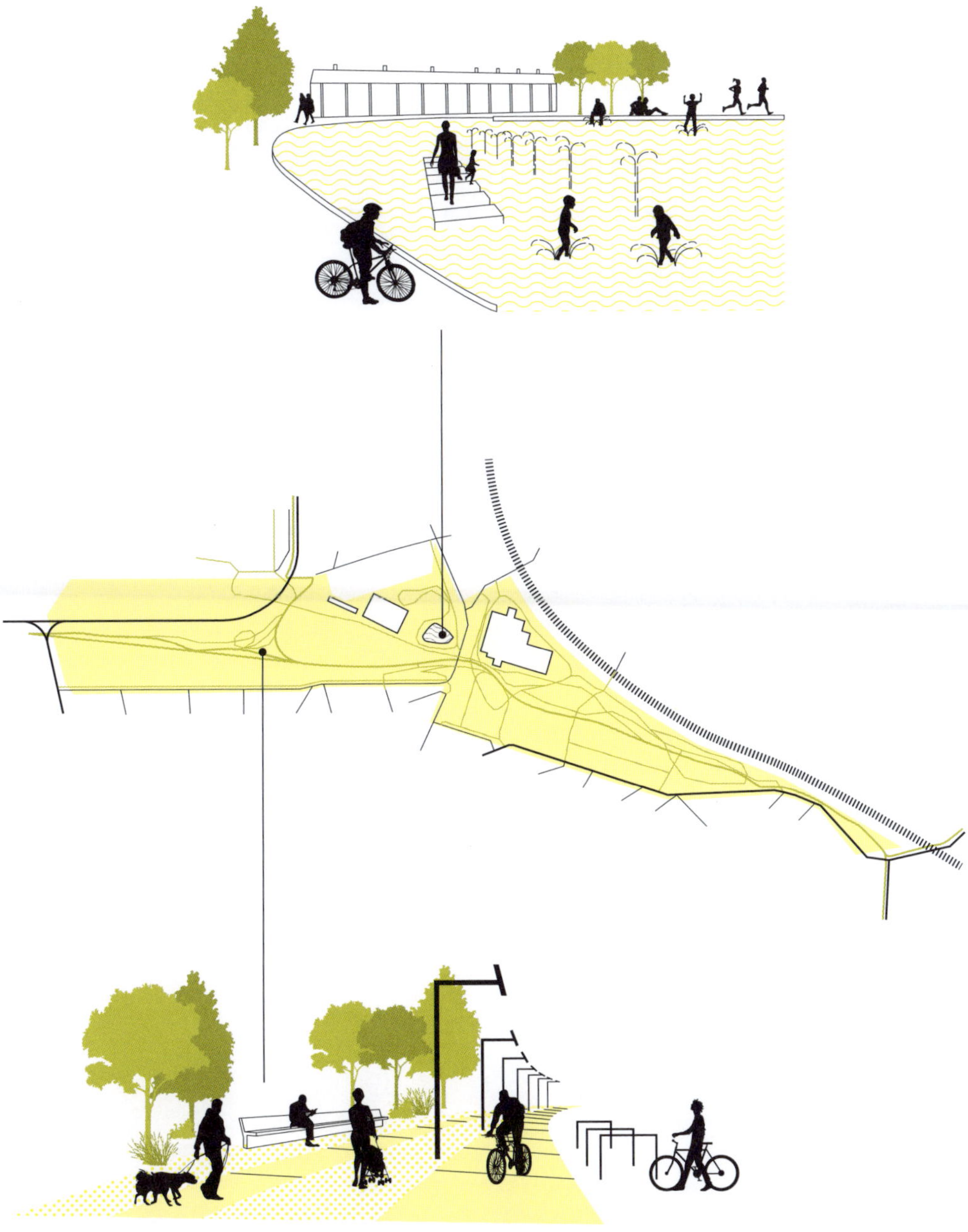

- Erarbeitung einer zukunftsorientierten Konzeption und Gestaltung des öffentlichen Raums.
- Entwicklung historischer oder symbolischer Verknüpfungen mit dem Ort z.B. durch die Förderung hochwertiger Kunst im öffentlichen Raum.
- Berücksichtigung des Instandhaltungsaufwands der Materialien, des urbanen Mobiliars und der Bepflanzung bereits in der Planungsphase.
- Implementierung eines Projektmanagements, das die Kontinuität des Projekts gewährleistet.
- Nach Möglichkeit kurz- oder langfristige Einbeziehung der Anrainer und Nutzerinnen beim Management und der Instandhaltung des öffentlichen Raums.
- Bezugnahme auf langfristige politische Zielsetzungen wie z.B. die Ökologisierung der Stadt, die Verbesserung der Biodiversität, des Wasserhaushalts oder des Mikroklimas, um den Fortbestand und die Nachhaltigkeit des Projekts zu gewährleisten.

→ Am Beispiel: Berge de Coursiers (Montreal)
Das Hafenareal erfährt einen sanften Transformationsprozess. Dabei werden die industriellen Qualitäten bewahrt und sozusagen unter Naturschutz gestellt. Es gibt Park-Ranger in Uniform und Übernachtungsmöglichkeiten in Hütten, wie sie auch in den Nationalparks zu finden sind.

Best practice: Berge de Coursiers Location: Montreal, Canada Design: CLC Limited
Completion: 2010 Area: 75,000 m² Former use: industry

- Development of a sustainable concept and design for the public space.
- Development of historical or symbolic connections with the place, e.g. by promoting, high-quality art in the public space.
- Consideration of effort required to maintain materials, urban furniture, and planting as early as the planning phase.
- Implementation of project management to ensure the continuation of the project.
- If possible, short- or long-term involvement of residents and users in the management and upkeep of the public space.
- Reference to long-term political aims, such as greening of the city and improvement of the biodiversity, water balance, or microclimate to ensure that the project continues to exist and is sustainable.

→ On the example of: Berge de Coursiers (Montreal)
A gentle process transforms the harbor, maintaining and protecting its industrial qualities. Here, you can find park rangers in uniforms and stay the night in a lodge tent, just like in the national parks.

Portfolio: Drei Umgestaltungen von Verkehrsräumen durch Artgineering

Portfolio: Three traffic spaces re-designed by Artgineering

Parvis St. Antoine / Brüssel

Entwurf: Artgineering, Urban Platform / Auftraggeber: Gemeinde Forest

Vorher

Ein *Parvis* ist der öffentliche, räumlich gut eingefasste Platz vor einer Kirche. Der ehemals offene und vielseitig nutzbare Parvis St. Antoine wurde seit den 1950er Jahren immer mehr vom Auto dominiert. Der Freiraum, der sich einst von Fassade zu Fassade spannte, wurde zuerst in schmale Gehsteige, Parkplätze, breite Fahrbahnen und einen von den Gebäuden und den darin angesiedelten Funktionen isolierten Platz in der Mitte unterteilt. Später wurde dieser informell als Parkplatz für Autos genutzt und somit der gesamte öffentliche Raum der Verkehrsfunktion unterworfen. Einige Bäume sowie Bänke aus massivem Beton (um gegebenenfalls dem Anprall von Autos standzuhalten) waren in schlechtem Zustand. Es gibt zwei direkt angrenzende Cafés und jeden Donnerstag und Sonntag einen Markt, trotzdem war die Atmosphäre nicht einladend und der Platz durch die Omnipräsenz von fahrenden und parkenden Autos nur schwer zugänglich. Der Parvis St. Antoine liegt in einem sozioökonomisch eher benachteiligten Stadtteil von Brüssel mit vielen Schulen, aber einem großen Mangel an Frei- und Grünflächen. Die Bevölkerung ist gemischt, viele Bewohnerinnen und Nutzer haben Migrationshintergrund und es gibt einen hohen Anteil an jungen Menschen.

Nachher

Im Rahmen eines Stadterneuerungsprojekts für das Quartier wurde beschlossen, den Parvis St. Antoine neu zu gestalten und wieder zu einem echten öffentlichen Raum zu machen. Der Wunsch der Bewohner war es, den Platz vor allem vandalensicher einzurichten. Nach dem gewonnenen Wettbewerb wurde der öffentliche Raum 2014 fußgängergerecht umgebaut. Die Fahrbahnen an den Längsseiten des Platzes wurden supprimiert und die verbleibenden Straßen auf

Parvis St. Antoine / Brussels

Design: Artgineering, Urban Platform / Client: Municipality of Forest

Before

A "parvis" is a square in front of a church—public and spatially well framed. The St. Antoine parvis used to be open and versatile but, since the 1950s, has become increasingly dominated by cars. The open space that once stretched from façade to façade was divided up into narrow sidewalks, parking spaces, broad traffic lanes, and a central square isolated from the buildings and their functions. Later, this square began to be used as an informal car park, thus subjugating the entire public space to traffic-related functions. A few trees and solid concrete benches (chosen to withstand the impact of a car) in the middle of the square were in poor condition. There are two cafés directly bordering on the square and a market is held every Thursday and Sunday. However, the atmosphere was not particularly inviting and the square was difficult to reach due to omnipresent moving and parked cars. The St. Antoine parvis is situated in a relatively socio-economically disadvantaged area of Brussels with many schools, but a serious lack of open and green spaces. The population is mixed: many residents and users are from a migrant background, and there is a large proportion of young people.

After

As part of a city regeneration project for the neighborhood, it was decided to redesign the St. Antoine parvis and turn it back into a real public space. Residents particularly wanted the square to be designed to be safe from vandalism. After winning the competition, the public space was refurbished as a pedestrian zone in 2014. The traffic lanes stretching the length of the square were removed and the width of the remaining roads reduced to a minimum. Parking was no longer allowed on the square. This redesign enabled more

Situation: before and after

versatile usage in connection with the adjacent buildings, particularly the development of outdoor eating areas for cafés and restaurants. Now, pedestrians have priority and children enjoy a safer walk to school, as there are fewer roads to cross. A clear hierarchy is applied to traffic within the quarter, differentiating between access and through traffic. Existing trees were kept and new ones planted. The square is now part of the green network that stretches through the Region of Brussels. Its urban furniture is both simple and inviting.

Creating connections

The project started with the aim of creating a public space in a very densely built area of the city. It was to be as large and free of cars as possible. The design of the space took into consideration public buildings and other squares in the surrounding area. The nearby Orban Crossing accessed via Rue de Mérode was transformed into a square by applying the same design principles and materials used at the St. Antoine parvis. This makes the public space easier to read and creates both spatial and aesthetic uniformity between the two squares. At the same time, the sidewalks connecting the squares and various public facilities in the neighborhood (such as the cultural center and school) are made safer and more attractive. Traffic, however, is filtered or cut off: it is no longer possible for cars to drive along the square. This change prevents through traffic and rat running in the neighborhood and keeps the cars to the intended roads. The two squares and the adjacent bike lanes now provide a safe environment for the youngest cyclists in particular, making this mode of transport more attractive.

The participation

The contract for redesigning the St. Antoine parvis was tendered as part of a city regeneration program (a *Contrat de Quartier*) organized by the Region of Brussels. These neighborhood revitalization programs consist of projects for improving housing and the public space, as well as socio-economic initiatives. The project area and program were defined to suit this approach and included the redesign of two squares as well as a participative process involving residents and users. This last aspect was of particular importance due to the difficult task of taking away the privileges given to motorized traffic that had crept in over the years, which is always met with great resistance from some of the affected parties. A multidisciplinary team, consisting of architects, sociologists, urban planners, and landscape architects, worked on the project. Local associations and

eine minimale Breite reduziert. Das Parken wurde zur Gänze vom Platz verbannt. Die Neugestaltung ermöglicht eine größere Nutzungsvielfalt im Zusammenspiel mit den angrenzenden Gebäuden, insbesondere die Errichtung von Gastgärten für die Gastronomie. Fußgänger haben Vorrang. Der Schulweg für die Kinder wird durch die geringere Anzahl der zu überquerenden Straßen sicherer. Beim Autoverkehr gibt es eine Hierarchisierung zwischen Durchgangs- und Anrainerverkehr innerhalb des Viertels. Die bestehenden Bäume blieben erhalten und neue wurden gepflanzt. Der Platz ist nun ein Baustein des grünen Netzwerks, welches die Region Brüssel durchzieht. Das urbane Mobiliar ist nüchtern und einladend gehalten.

Das Verknüpfen

Ziel des Projekts war es, in dem sehr dicht bebauten Stadtteil einen maximal großen und autofreien öffentlichen Freiraum zu schaffen. Dieser wurde im Zusammenhang mit den öffentlichen Gebäuden und anderen Plätzen im weiteren Umfeld konzipiert. Die benachbarte, über die Rue de Mérode erreichbare Kreuzung Orban wurde unter Verwendung der gleichen Entwurfsprinzipien und Materialien wie beim Parvis St. Antoine zu einem Platz umgestaltet. Hierdurch wird der öffentliche Raum leichter lesbar und es entsteht eine räumliche und ästhetische Einheit zwischen den beiden Plätzen. Zugleich werden die Attraktivität und die Sicherheit der Fußwege zwischen den Plätzen und verschiedenen öffentlichen Einrichtungen im Quartier wie dem Kulturhaus und der Schule erhöht. Der Autoverkehr dagegen wird gefiltert beziehungsweise abgeschnitten: Es ist nicht mehr möglich, entlang der Längsseiten des Platzes mit dem Auto zu fahren. Diese Maßnahme verhindert Durchgangs- und Schleichverkehr innerhalb des Quartiers und hält die Autos auf den für sie vorgesehenen Straßen. Die beiden Plätze und die anliegenden Radwege bieten gerade den jüngsten Radfahrern nun ein sicheres Umfeld, das das Radfahren attraktiver macht.

Die Beteiligung

Der Auftrag zur Neugestaltung des Parvis St. Antoine wurde im Rahmen eines Stadterneuerungsprogramms der Region Brüssel, einem sogenannten *Contrat de Quartier*, für das Viertel Saint-Antoine vergeben. Diese Programme zur Revitalisierung von Quartieren bestehen aus Projekten zur Verbesserung der Wohnungen und des öffentlichen Raums sowie aus sozialwirtschaftlichen Initiativen. Das Projektgebiet und -programm wurden in Übereinstimmung mit diesem Ansatz definiert und umfassten die Neugestaltung zweier Plätze sowie einen partizipativen Prozess mit Anwohnern und Nutzern.

Profiles: active vs. passive mobility, before and after

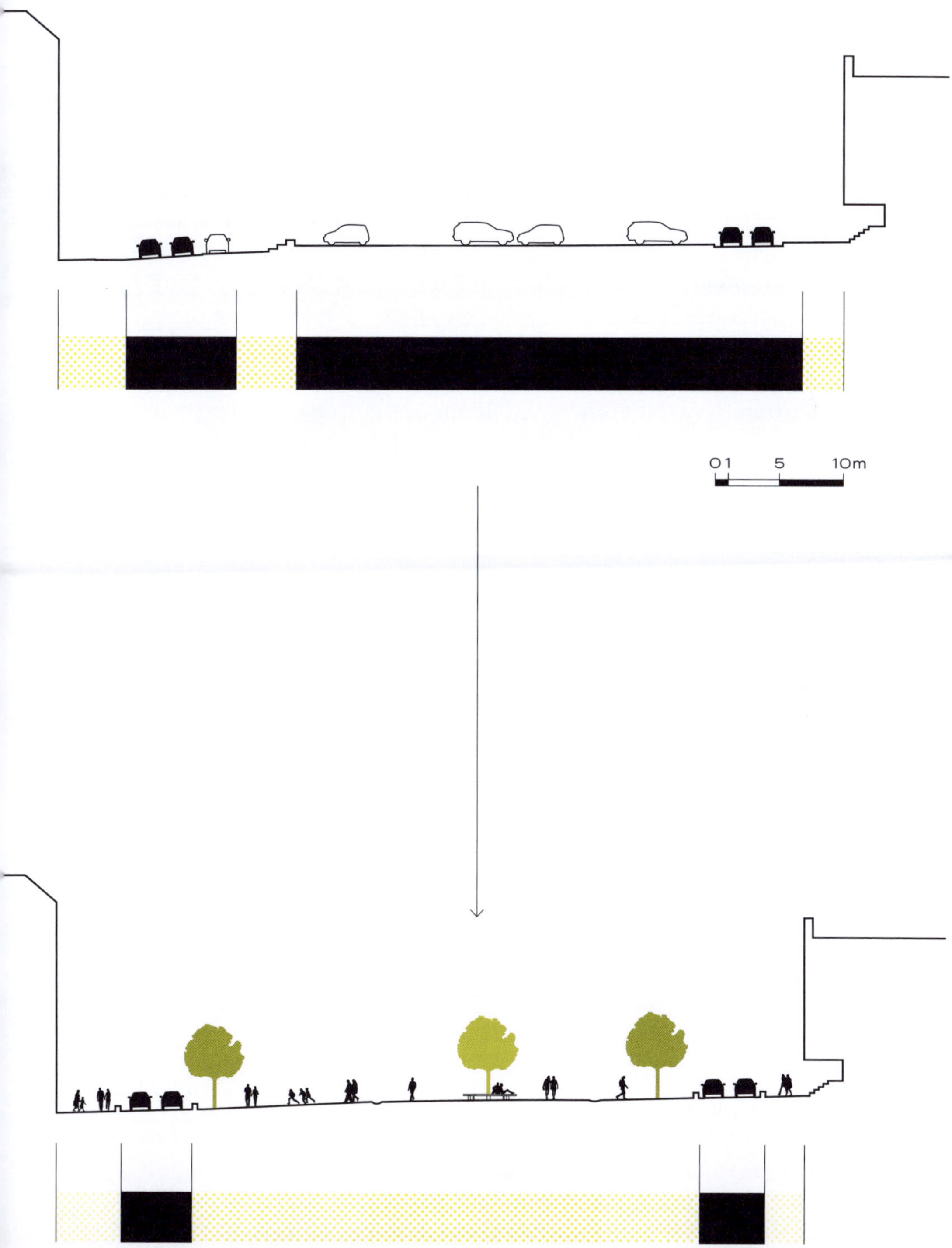

Letzterer war dringend nötig angesichts der heiklen Aufgabe, die Privilegien des Autoverkehrs, die sich im Lauf der Zeit eingeschlichen hatten, zurückzudrängen, was immer große Widerstände bei Teilen der Betroffenen hervorruft. Das Projekt wurde von einem pluridisziplinären Team, bestehend aus Architekten, Soziologen, Stadtplanern und Landschaftsarchitekten, ausgearbeitet. Lokale Vereinigungen und andere Akteure vor Ort wurden schon in die Vorentwurfsphase eingebunden. Dennoch wurde, initiiert durch ansässige Gewerbetreibende, eine Petition mit 800 Unterschriften eingebracht, um das Projekt zu verhindern. Um unbegründete Ängste vor der neuen Platzgestaltung zu zerstreuen und das Vorhaben auch für Laien deutlich zu machen, wurde in Zusammenarbeit mit den Vereinen und Schulen aus dem Umfeld eine räumliche Installation im Maßstab 1:1 gebaut. Dieses sogenannte Mock-up (oder auch Reallabor) verbildlichte die verkehrstechnischen und gestalterischen Grundprinzipien des Entwurfs und machte z.B. den Effekt der supprimierten Fahrbahnen und die daraus resultierenden größeren Gastgärten der Cafés im wahrsten Sinne des Wortes erlebbar. Nach der positiven Evaluierung dieser Testphase gab der Gemeinderat letztendlich seine Zustimmung. Die Einbindung der Schulen in den Produktionsprozess des Mock-ups machte Kinder und Eltern zu Botschaftern im Quartier.

Die Belebung der lokalen Ökonomie

Das Projekt wurde mit einem sehr knappen Budget konzipiert und ausgeführt. Es wurde darauf geachtet, die ebenerdigen, an den neugestalteten Plätzen gelegenen Geschäftslokale und Cafés einzubinden und wiederzubeleben. Große „Inseln" wurden in dem fließenden Raum definiert und gestalterisch hervorgehoben. Einige davon befinden sich bewusst in der Nähe von bestehenden Cafés, so dass sie als Gastgärten genutzt werden können. Die Möglichkeit zur Aneignung von Teilen des öffentlichen Raums stärkt die lokale Wirtschaft. Aber auch besondere Nutzergruppen, wie zum Beispiel allochthone Frauen, die auf einem öffentlichen Platz ohne räumliche Differenzierungen Schwierigkeiten haben, sich einen Ort anzueignen, profitieren von diesen Inseln. Dies hat positive Auswirkungen auf den erweiterten sozioökonomischen Mehrwert des Projekts in seiner direkten Umgebung hinsichtlich Inklusion und Gender-Gleichstellung.

Das Teilen von Raum

Die Umwandlung des Verkehrsraums in einen größtenteils autofreien Platz fördert neue Nutzungen sowie Formen aktiver Mobilität. Innerhalb des für alle (nicht motorisierten Nutzer) offenen und durchlässigen Freiraums wurden Verweilräume definiert und durch

other on-site stakeholders were included early on in the pre-design phase. But, despite this, local business people initiated a petition submitted with 800 signatures to try and prevent the project. A spatial installation was created together with local associations and schools on a 1:1 scale in order to dispel unfounded fears around the new design for the square and to make the project easy for laypersons to understand. This mock-up (or real-world laboratory) visualized the main principles of the design that shape traffic infrastructure and appearance, making it possible to truly experience, for example, the effect created by removing traffic lanes to make space for larger outdoor eating areas. After this test phase received a positive evaluation, the local council gave its approval. Involving schools in the co-production process of the mock-up made children and parents to ambassadors of the project within the neighborhood.

Revitalization of the local economy

The project was designed and implemented using a very small budget. Despite this, it was made sure to involve and revitalize the ground-floor businesses and cafés bordering the redesigned squares. Large "islands" were defined within the open space and given visual emphasis. Some are purposely placed close to existing cafés so that they can be used as outdoor eating areas. Making it possible to appropriate parts of the public space strengthens the local economy. Furthermore, particular user groups, such as women of non-Belgian descent, who find it difficult to make a space their own when it lacks spatial differentiation, also benefit from these islands. This design element therefore has positive effects on the broader socio-economic value of the project in its local surroundings, as it promotes inclusion and gender equality.

Space sharing

Transforming the traffic space into a primarily car-free zone encourages new uses as well as new forms of active mobility. Zones for lingering were defined within the open space, which is available to all (non-motorized) users, and marked out using different types of paving. These quiet, lingering islands contain benches, trees, and café terraces that take sun exposure into account. The area surrounding these islands is given over to the dynamic of active mobility (pedestrians and cyclists) and provides space for children to play. Urban furnishings were kept to a minimum. For example, multiple lights were mounted onto one pole. The question of parking spaces was explored for the project area as a whole and some replacement spaces were provided in a wider nearby road. New bike

unterschiedliche Bodenpflasterungen markiert. Hier gibt es Bänke, Bäume und die Terrassen der Cafés, bei deren Errichtung die Sonneneinstrahlung berücksichtigt wurde. Rundherum ist Raum für die Dynamik der aktiven Mobilität (Fußgänger, Radfahrer) sowie der spielenden Kinder. Die Menge an Stadtmobiliar wurde soweit wie möglich begrenzt. So wurden z.B. mehrere Beleuchtungspunkte an einem gemeinsamen Mast angebracht. Die Frage der Autoabstellplätze wurde für den gesamten Projektbereich untersucht. Für Parkplätze, die entfernt wurden, wurde teilweise in einer breiteren Nachbarstraße Ersatz geschaffen. Auf dem Platz und in den anliegenden Straßen wurden neue Fahrradständer installiert. Die Baumscheiben blieben unversiegelt und können von den Bewohnern des Viertels bepflanzt werden. Die Verweilinseln laden zur spontanen temporären Aneignung durch verschiedene Nutzergruppen ein.

Der Metabolismus

Durch die Neugestaltung konnten 18 Bäume zusätzlich zu den 18 bereits existierenden gepflanzt werden, womit die Feinstaubbelastung und der Hitzeinseleffekt reduziert und die Biodiversität gestärkt wurden. Es wurde versucht, die Regenwasserinfiltration zu verbessern. Der Boden rund um die Bäume ist durchlässig und die Bereiche mit Pflastersteinen sind mit offenen Fugen versehen, wodurch eine geringe Wasserinfiltration ermöglicht wird. Durch die Bodenbeschaffenheit und die Lage des Platzes in einer Senke war eine Infiltration größerer Wassermengen jedoch nicht möglich.

Die Pflastersteine der Parkplätze, die zu Beginn der Arbeiten herausgenommen worden waren, wurden bei der Neugestaltung wiederverwendet. Der Platz ist mit robuster Ausstattung versehen und leicht instand zu halten, was die Unterhaltskosten langfristig vermindert. Hingegen sind die eigens für dieses Projekt entworfenen Betonwürfel, die den Verkehrs- vom Begegnungsbereich trennen, nicht widerstandsfähig genug: Sie lösen sich beim Anprall eines Fahrzeugs aus ihrer Verankerung und werden beschädigt. Da es sich nicht um ein Standardprodukt handelt, ist ihr Austausch nicht einfach.

Eine einfache Ästhetik

Die Place Dauphine in Paris diente beim Entwurf für den Parivs St. Antoine aufgrund der Nüchternheit ihrer Gestaltung und der Durchgängigkeit der Bodenmaterialien, welche die Gebäude gut zu Geltung bringen, als Vorbild. Von den Bewohnern und Nutzerinnen wurde diese Referenz im Beteiligungsverfahren sofort gut angenommen und im weiteren Entwurfsprozess zu einem Leitfaden der Gestaltung.

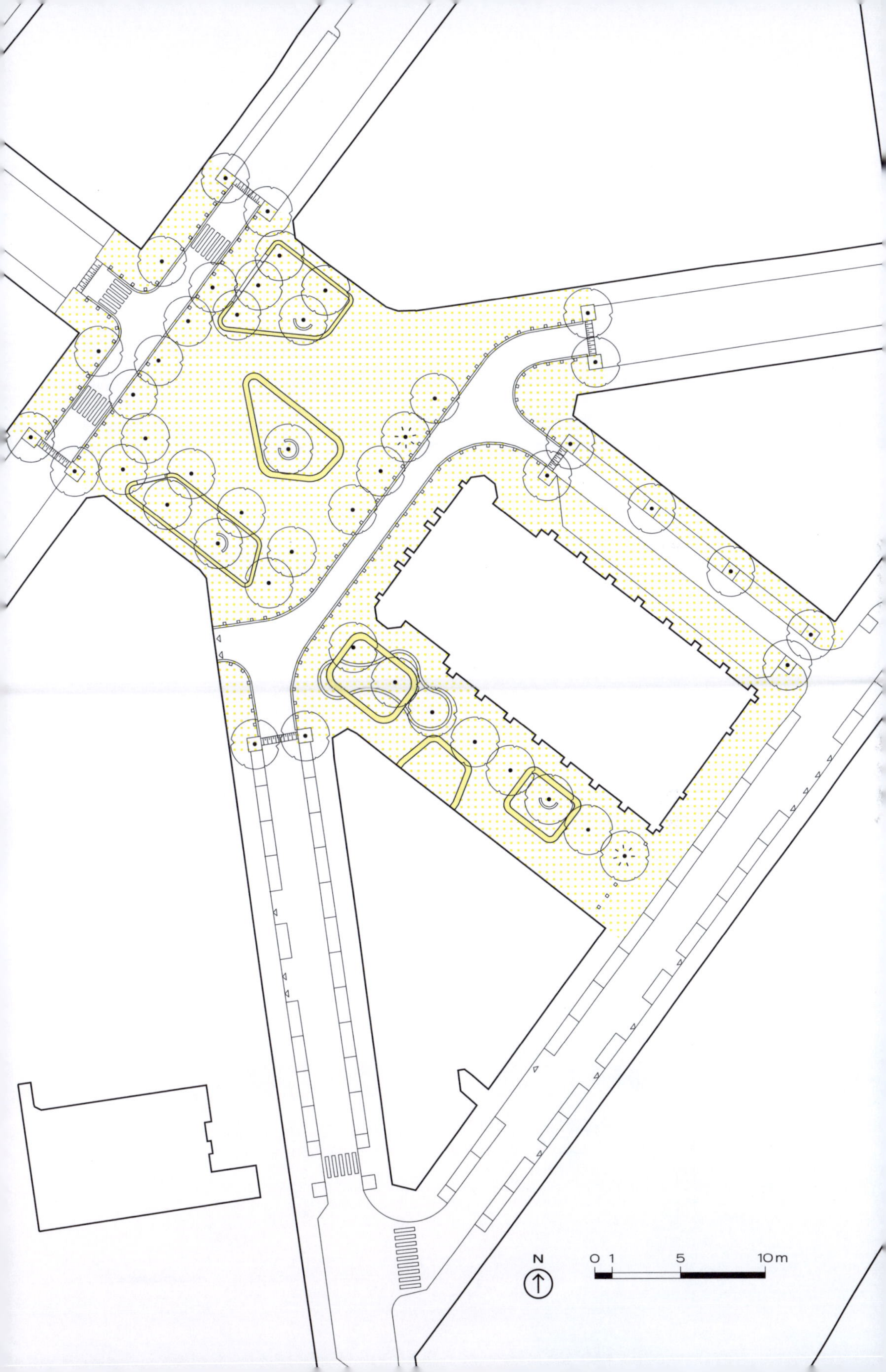
N
0 1
5
10m

Durch die zusätzlichen Bäume wurde der Platz zu einem grünen Bezugspunkt in den Sichtachsen der umliegenden Straßen. Die Bereiche für den Autoverkehr und die zum Verweilen bestimmten Zonen sind durch die unterschiedlichen Bodenbeläge und die Abgrenzung mit den Betonwürfeln klar gekennzeichnet. Die Beleuchtung wurde im Vorfeld ausgiebig getestet und evaluiert, um den gesamten öffentlichen Raum gut auszuleuchten und zugleich die Lichtverschmutzung für die Anrainer zu minimieren.

Detail: lingering islands

stands were installed on the square and in adjacent streets. The tree pits remained unpaved and can be planted by local residents. The lingering islands invite different user groups to make spontaneous, temporary use of the spaces.

The metabolism

The redesign made it possible to add 18 new trees to the 18 existing ones, reducing the accumulation of particulate matter and the heat island effect as well as improving biodiversity. A further aim was to improve rainwater infiltration. The soil around the trees is left unpaved and the paved areas are created with open joints to allow for a small amount of water infiltration. However, the type of soil and the square's location within a depression meant that the infiltration of larger amounts of water was not possible.

The paving in the parking area was removed when work started, but reused for the new design. The square is easy to maintain and its furnishings are robust, lowering long-term upkeep costs. However, the concrete cubes designed specifically for this project to separate the pedestrian area from the traffic turned out to be not sufficiently robust. They come loose from their fixings when hit by a car and are damaged. As they are not a standard product, they are not easy to replace.

A simple aesthetic

The St. Antoine parvis was inspired by Place Dauphine in Paris due to its simple design and uniform surfacing that allow the buildings to take center stage. Residents and users involved in the process found this example immediately appealing and it became a guiding principle for the design.

New trees made the square into a green focal point for the surrounding streets. The traffic areas and relaxation zones are clearly marked by different surfacing and the barrier of concrete cubes. Lighting was tested and evaluated in detail beforehand to ensure that the entire public space is well lit, while keeping light pollution for residents to a minimum.

Place Dumon / Brüssel

Entwurf: Artgineering, H+N+S landschapsarchitecten, ECTV Auftraggeber: Gemeinde Woluwe-Saint-Pierre

Vorher

Die Kehrschleife an der Endstation einer Straßenbahnlinie gab dem Platz seine charakteristische ovale Form. Eine Bank, ein Schuhgeschäft, der Grand Bazar und eine Autowerkstatt siedelten sich an. Seit 1935 findet hier ein öffentlicher Markt statt, 1952 wurde der Platz gepflastert. Im Jahr 1988 wurde in unmittelbarer Nähe die U-Bahn-Endstation Stockel eröffnet und damit ein multimodaler Verkehrsknotenpunkt mit Straßenbahn, U-Bahn und Bus geschaffen. Seit 2013 wird der Platz drei Mal wöchentlich für einen Bauernmarkt und zwei Mal jährlich für die Kirmes genutzt. Außerdem finden regelmäßig verschiedene Veranstaltungen wie der Weihnachts- und Kunsthandwerkmarkt, Public Viewing und Musikfeste statt.

Die meiste Zeit wurde die Place Dumon jedoch nur als Parkplatz für 93 Autos genutzt. Die Gehsteige entlang der Fassaden waren sehr schmal und es gab keinerlei Infrastruktur für den Radverkehr. Der Platz war stark vom motorisierten Individualverkehr dominiert, was viele Konflikte und Unfälle, z.B. durch das Parken in zweiter Reihe, zur Folge hatte. Vor allem Fußgänger und Radfahrer fühlten sich nicht sicher. In der Mitte des Platzes befand sich ein wenig ansprechender Pavillon mit einem sehr beliebten Pommes Frites-Stand und einem „Mister Minit“. Die Bodenbeläge und das Mobiliar waren in schlechtem Zustand und mussten dringend erneuert werden.

Nachher

Bei der 2018 in Angriff genommenen Neugestaltung der Place Dumon wurde ihre ovale Form zum Ausgangspunkt. Der Bereich innerhalb des Ovals ist zum Verweilen und für Veranstaltungen bestimmt, der außerhalb unterstützt die Dynamik des städtischen Lebens (Geschäfte,

Place Dumon / Brussels

Design: Artgineering, H+N+S landscape architects, ECTV Client: Municipality of Woluwe-Saint-Pierre

Before

The terminal loop at the tramline's final stop gave the square its distinctive oval shape. The site quickly became home to a bank, a shoe shop, the Grand Bazar, and a car repair shop. A public market has been held there since 1935. In 1952, the area was paved and, in 1988, the final stop of the subway, Stockel, was opened nearby, creating a multimodal transport hub with trams, subways, and buses. Since 2013, the square has been used to hold a farmer's market three times a week and a fair twice a year. Various events also take place on the square, such as the Christmas market, crafts market, live open-air screenings, and music festivals.

However, for the majority of the time, the square was used as a car park for 93 cars. The sidewalks along the façades were very narrow and there was no cycling infrastructure at all. The square was very much dominated by cars, which led to many conflicts and accidents caused by problems such as double parking. Pedestrians and cyclists in particular didn't feel safe. At the center of the square there was a (not particularly attractive) pavilion with a very popular French fry stand and a Mister Minit shop. The surfacing and furnishings were in not especially attractive condition and in desperate need of replacement.

After

The redesign of Place Dumon was undertaken in 2018, with its oval shape forming the starting point of the design. The area within the oval is intended as a lingering area and a space to hold events, while the area outside supports the dynamic of urban life (shops, traffic). An oval concrete bench surrounding the central space separates the two

Verkehr). Eine umlaufende ovale Betonbank trennt diese Bereiche voneinander und dient als informelle Sitzgelegenheit. Der ganze Platz ist als Begegnungszone konzipiert, wobei der für den Individual- und den öffentlichen Verkehr bestimmte Raum jedoch auf eine einzige Fahrbahn reduziert wurde, um so Fußgängerinnen und Radfahrern mehr Platz einzuräumen. Am nördlichen Ende des Ovals wurde eine Überdachung realisiert, unter der sich ein neuer Pavillon mit dem Pommes-Stand, einem Café und einer Eisdiele befindet. Am südlichen Ende und als Gegenpol zum überdachten Pavillon sieht das Projekt einen mit Bäumen bepflanzten Bereich mit Bänken und einer Wasserfontäne vor, der zum Verweilen ohne Konsumzwang einlädt. Der gesamte Platz wurde von Fassade zu Fassade in einem Material, ebenerdig und barrierefrei gestaltet. Die Autostellplätze in der Mitte wurden eliminiert und durch Kurzzeitparkplätze an den Ecken des Platzes ersetzt.

Das Verknüpfen

Die Neugestaltung der Place Dumon ist ein Pilotprojekt in der Region Brüssel mit dem Ziel, die Mobilität, aber auch die Qualität des öffentlichen Raums und die Vitalität des lokalen Geschäftslebens zu verbessern. Es gab, wie oft in Brüssel, jedoch keinen entsprechenden Mobilitätsplan der Stadt, auf den man sich bei verkehrstechnischen Maßnahmen berufen konnte. In Abwesenheit dieser strategischen Ebene wurde die relativ schnell durchführbare Transformation eines Verkehrsraums taktisch eingesetzt, um das Mobilitätsverhalten von unten her zu verändern.

Die Place Dumon ist sowohl ein multifunktionaler öffentlicher Raum als auch ein intermodaler Verkehrsknotenpunkt. Hier befinden sich die Endstation der U-Bahn-Linie 1 Richtung Zentrum sowie zahlreiche Straßenbahn- und Buslinien und ein regionaler Radweg. Es überlagern sich also viele verschiedene Verkehrsströme auf relativ knappem Raum. Der Status einer Begegnungszone und die entsprechende Gestaltung ermöglichen ein Ineinandergreifen der verschiedenen Modalitäten und zugleich die Sicherstellung der Durchlässigkeit des Platzes für Radfahrerinnen und Fußgänger. Die Reduktion der zulässigen Höchstgeschwindigkeit auf 20km/h fördert die aktive Mobilität und verbessert die Sicherheit gerade der schwächeren Verkehrsteilnehmer.

Die Beteiligung

Das Grundkonzept der Neugestaltung des Verkehrsraums als Shared Space wurde schon in der Wettbewerbsphase entwickelt. Nach der Vergabe wurde eine Studie über die Trennung der verschiedenen

Situation: before and after

Profiles: active vs. passive mobility, before and after

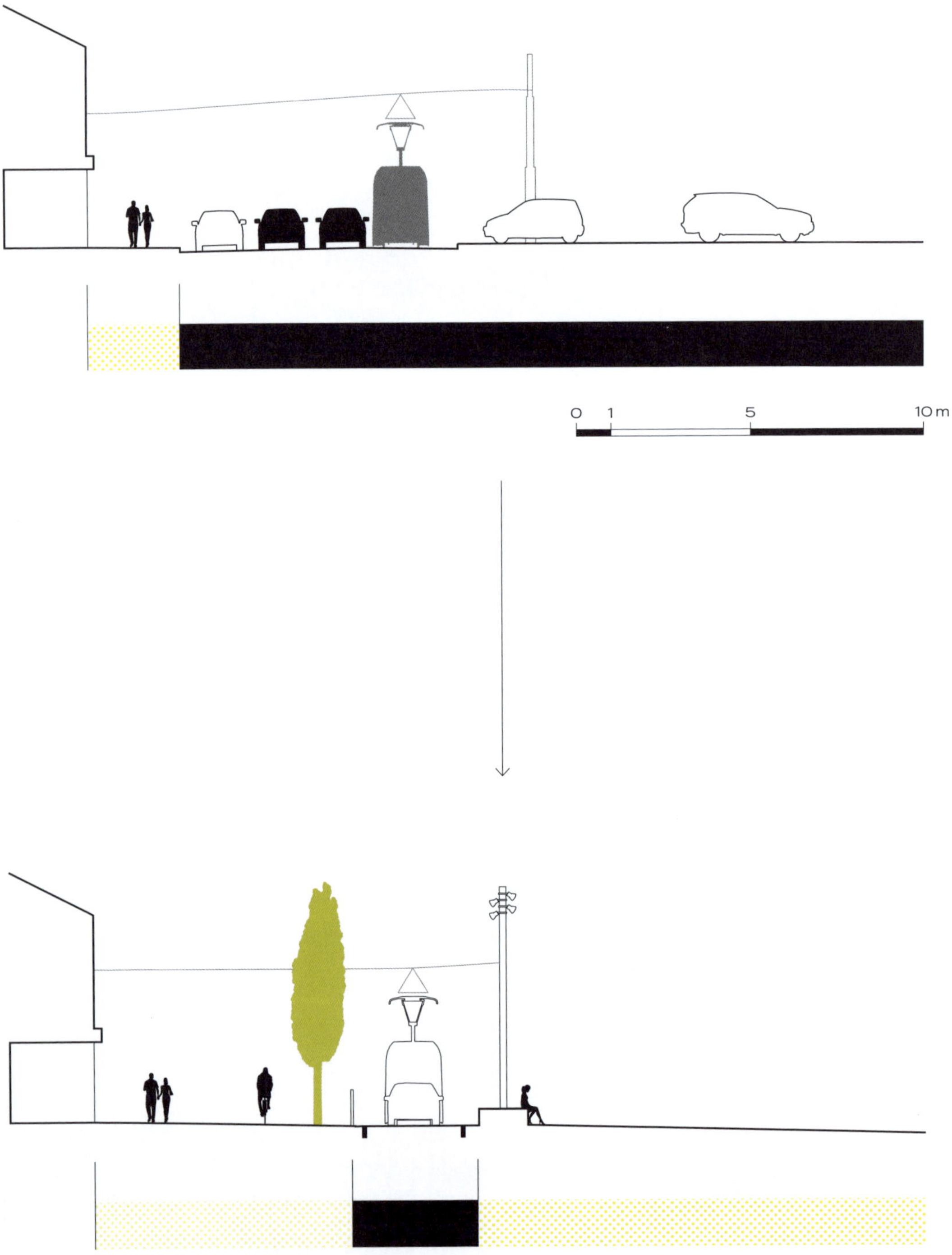

zones and provides informal seating. The entire square is designed as a shared space, where space for private and public transport is reduced to a minimum within just one lane in order to allow more room for pedestrians and cyclists. A canopy was constructed at the north end of the oval, covering a new pavilion housing the French fry stand, a café, and an ice cream parlor. At the south end, the project provides contrast to the covered pavilion by creating an area containing trees, benches, and a water fountain, which encourages people to take a seat without needing to make a purchase. The whole square was designed using one material from façade to façade, and is on one level and accessible. The parking spaces in the middle were removed and replaced by short-stay parking at the corners.

Creating connections

The redesign of Place Dumon is a pilot project in the Region of Brussels that aims to improve mobility as well as upgrade the public space and boost the local economy. However, as is often the case in Brussels, the city administration had no relevant mobility plan to refer to when working on traffic-related measures. As this strategic level was missing, this relatively quick transformation of a traffic space was implemented tactically to enable bottom-up change to mobility behavior.

Place Dumon is both a multifunctional public space and an intermodal transport hub. Here, users can find the final stop of subway line 1, which heads towards the center, as well as numerous tram and bus lines, and a regional cycle lane. This means that many different traffic flows overlap across a relatively tight space.

The status of a shared space and the relevant design allow the different modalities to intertwine and ensure that the square can be easily accessed by cyclists and pedestrians. Reducing the speed limit to 20km/h encourages active mobility and increases the safety of weaker road users in particular.

The participation

The main concept behind the redesign of the traffic space as a shared space was developed in the competition phase. After the contract was awarded, a study was commissioned to explore the separation of the different types of transport as well as the creation of a canopy and a pavilion for cafés and food stands. On the advice of the design team, a participative process was also organized that included workshops for neighbors and users of the square as well as an in-depth consultation process with institutional stakeholders, such as public transport operators, police, disability representatives, market stand

Verkehrsarten sowie die Schaffung einer Überdachung und eines Pavillons für Gastronomie in Auftrag gegeben. Auf Anraten des Entwurfsteams wurden zusätzlich ein partizipativer Prozess mit Workshops für Anrainer und Nutzer des Platzes sowie ein intensiver Konsultationsprozess mit institutionellen Stakeholdern wie ÖPNV-Betrieben, Polizei, Behindertenvertretern, Marktbeschickern etc. vorgesehen. Die Trennung der verschiedenen Verkehrsarten – Straßenbahn/Bus, Auto, Rad, Fußgänger – wurde letztendlich aus Platzmangel und Verkehrssicherheitsbedenken verworfen. Man kam wieder auf den Vorschlag im Wettbewerbsentwurf zurück, der aktiven Mobilität (Radfahrern und Fußgängern) mehr Raum zu bieten und die passive Mobilität (Straßenbahn/Bus und Autos) zusammenzufassen. Um die Zustimmung der ÖPNV-Betriebe zu diesem gemischten Profil zu erhalten, wurde ein Monitoring des Verkehrs (Geschwindigkeit der Straßenbahn, eventuelle Konflikte etc.) vor und nach der Neugestaltung vereinbart und gegebenenfalls eine Umkehrung des Eingriffs, also eine erneute Trennung der Verkehrsströme, in Aussicht gestellt. Der Trick bestand aus dem Entwurf eines „reversiblen Profils", das durch minimale bauliche Änderungen die Führung des Autoverkehrs außerhalb der Schienentrasse ermöglicht hätte.

Das Projekt wurde infolge der während der Workshops mit Anrainern und Nutzern eingebrachten Anmerkungen zu den Themen Mobilität, Bepflanzungen und Stadtmobiliar abgeändert. Auf Basis dieses Konsens' wurde der Bauantrag eingereicht und genehmigt. Das Vorhaben traf in der rechtlich verbindlichen Konsultationsphase jedoch auf viel Widerstand. Unterstützt von der lokalen Oppositionspartei wurde von den Gewerbetreibenden vor Ort eine Petition gegen das Projekt eingebracht, die es für unabsehbare Zeit stillgelegt hätte. Der zentrale Punkt war die Verlagerung bzw. Reduktion der Parkplätze. Mit einer Regelung für ein zeitlich und örtlich limitiertes Parken (maximal 30 Minuten, maximal 40 Autos, Aufsicht durch Parkwächter, Laufzeit maximal zwei Jahre bis Ersatzparkplätze in einem benachbarten Einkaufszentrum realisiert sind) konnte schließlich ein Kompromiss erzielt werden.

Die Belebung der lokalen Ökonomie

Die Reduktion des von den Autos in Anspruch genommenen Raums zugunsten der aktiven Mobilität und des Verweilens erhöhte die Lebensqualität im Viertel und machte die Wiederaneignung des Platzes möglich. Die Geschäfte rund um den Platz profitieren von der Verbreiterung der Gehsteige von zwei auf sechs Meter und sind für Fußgängerinnen und Radfahrerinnen besser erreichbar. Der Zustellverkehr, der nunmehr nur am Vormittag stattfindet, ist besser orga-

holders, etc. The idea of separating different types of transport—trams/buses, cars, cyclists, pedestrians—was eventually abandoned due to lack of space and traffic safety issues. There was then a return to the proposal presented in the competition design—to give more space to active mobility (cyclists and pedestrians) and to condense the space for passive mobility (trams/buses and cars). In order to obtain the approval of public transport operators for this mixed profile, it was agreed to monitor the traffic (speed of tram, any conflicts, etc.) before and after the redesign and to reverse the intervention if necessary, dividing the traffic flows again. The trick was to design a reversible profile that would have needed only minimal alterations to move cars away from the tracks.

The project was changed due to comments received during the workshop with residents and users, which covered the topics of mobility, planting, and urban furniture. Based on the consensus reached, the building application was submitted and approved. However, in the legally binding consultation phase, the project was met with much resistance. Supported by the local opposition party, local business people submitted a petition that would have stopped the project in its tracks for the foreseeable future. The main issue was the moving and reduction of parking spaces. The compromise finally reached required a regulation allowing parking with limitations in terms of time and place (maximum of 30 minutes, maximum of 40 cars, supervision by parking attendants, parking spaces provided for a maximum of two years until replacement parking is created in a nearby shopping center).

Revitalization of the local economy

Reducing the amount of space used by cars in favor of active mobility and leisure increased quality of life in the neighborhood and made it possible to appropriate the space again. The shops surrounding the square also gained, as the sidewalks were widened from two to six meters and are more accessible for pedestrians and cyclists. Delivery traffic, which can now only come in the mornings, is better organized. The pavilion provides more space for different cafés and food stands. The canopy means that these businesses are less weather dependent and can remain open throughout the year.

The organization of the market around and on the square was improved. A system of removable poles encourages the square to be used for various temporary commercial and cultural events. The timeframe for construction works that interfere with traffic was kept as short as possible and the building site was managed to ensure that shops could remain open during construction.

nisiert. Der Pavillon bietet mehr Raum für verschiedene Gastronomiebetriebe. Durch die Überdachung sind diese wetterunabhängiger und können das ganze Jahr über geöffnet bleiben.

Der Markt wurde auf und um den Platz herum neu angeordnet. Ein System herausnehmbarer Masten unterstützt die Nutzung des Platzes für verschiedene temporäre kommerzielle und kulturelle Veranstaltungen. Die Dauer der Arbeiten, die den Verkehr beeinträchtigten, wurde so kurz wie möglich gehalten und die Baustelle so geführt, dass die Geschäfte auch während der Arbeiten offengehalten werden konnten.

Das Teilen von Raum

Vor der Neugestaltung dominierten die Autos den Raum – sowohl im Inneren als auch außerhalb des Ovals. Nun dient die Betonbank zur Definition und Abgrenzung der verschiedenen Arten der Nutzung: innerhalb ein geschützter Begegnungs- und Aufenthaltsbereich, außerhalb ein Ort städtischen Verkehrs und urbaner Dynamik. Diese beiden Räume sind durch große Öffnungen miteinander verbunden. Durch das Wegfallen der Parkplätze und die nur 3,5 m breite Fahrbahn ist die früher isoliert gelegene Mitte des Platzes wieder besser mit den Gebäuden verbunden. Die neuen Baumreihen definieren einen großzügigen, autofreien Raum, der im direkten Bezug zu den angrenzenden Häusern steht. Dies bietet Platz für aktive Mobilität, ermöglicht die Anlage von Gastgärten, die effiziente Organisation der Anlieferung für die Geschäfte und die Erreichbarkeit durch Einsatzfahrzeuge. Die verbreiterten Gehsteige werden von Fußgängern und Radfahrern gemeinsam genutzt. Pflastersteine unterschiedlicher Farbe kennzeichnen subtil die jeweiligen Zonen, ohne den Raum zu zerteilen.

Die Place Dumon ist konsequent barrierefrei gestaltet, was die Zugänglichkeit für Personen mit eingeschränkter Mobilität erleichtert. Durch diese Maßnahmen und das Supprimieren des Parallelparkens ist die Durchlässigkeit für Fußgänger verbessert und die Mitte des Platzes gut erreichbar.

Der Metabolismus

Bei der Wahl der Pflasterung wurden nicht nur ästhetische Kriterien beachtet, sondern auch ihre Herkunft. Es handelt sich um Betonpflastersteine, die in Europa hergestellt werden, wodurch Transparenz hinsichtlich Arbeitsbedingungen und Auswirkungen auf die Umwelt gegeben ist.

Die Baumarten wurden unter Berücksichtigung der Biodiversität sowie der Wünsche der Anrainer ausgesucht: Zwei Reihen schlanker

Space sharing

Prior to the redesign, cars dominated the space—both inside and outside the oval. Now, the concrete bench defines and divides the different types of use: within the boundary, there is a safe area to meet and linger; outside of the boundary, the space belongs to the city's traffic and urban dynamic. These two spaces are connected by large openings. The removal of parking spaces and the narrower 3.5m-wide traffic lane helps to reconnect the formerly isolated center of the square with the buildings. The new rows of trees define a generous, car-free area directly connected to the surrounding buildings. This provides space for active mobility, for terraces, for efficient organization of deliveries to the shops, and for emergency vehicle access. Both pedestrians and cyclists use the broader sidewalks. Paving in different colors subtly marks out the respective zones, without dividing the space.

Place Dumon is designed to be entirely barrier-free, improving accessibility for people with limited mobility. Implementing these measures and preventing parallel parking opens the area up to pedestrians and ensures the center of the square can be easily reached.

The metabolism

When choosing the paving, not only aesthetic criteria were considered but also the origin of the products. The decision was taken to use concrete paving stones produced in Europe to guarantee transparency in terms of working conditions and environmental impact.

The trees were chosen to take into account both biodiversity and the wishes of residents: two rows of slender cypress oaks that do not block the view onto the square were planted along the façade; oriental planes can now be found at the street corners and at the start of the shared space, adding to the already existing plane trees. The widened concrete boundary was planted with different types of trees, bushes, and smaller plants to increase biodiversity, create a pleasant atmosphere, and add an extra area of division before the busy traffic space begins at the south end of the square. The lighting in this area is controlled by a timer to reduce negative impacts of the light on the flora and fauna. There is no possibility of letting rainwater seep directly into the ground here, because the square is in a depression and the soil therefore already fully saturated.

A simple aesthetic

The design aims to free the square of all unnecessary elements and to successfully integrate those that remain and combine them in a sensible manner. Topography and materiality were simplified. The

square as a whole comes into its own thanks to the use of a limited palette of materials throughout. The canopy with the pavilion at the north end provides a counter piece to the cluster of trees at the south end, bringing the space together.

The paving combines five different colors of purpose-made, robust concrete paving stones ranging from dark gray to ocher. This gives the space a sense of uniformity, while making it possible to create subtle differences between the various areas (the space for lingering inside the oval, the traffic areas for active mobility as well as delivery zones and the passive mobility lane). The concrete for the oval was poured on site and is slightly darker. The top layer of its sides was washed away to expose the aggregate. All vertical elements such as bollards, poles, and canopy supports have a simple shape and are the same dark gray to create a sense of uniformity.

All seating is made of wood and is therefore inviting and comfortable. The poles for power cables are embedded into the concrete seating and are also used to mount the lighting for the square, minimizing the number of vertical elements.

Säuleneichen, die den Blick auf den Platz nicht verdecken, wurden entlang der Fassaden gepflanzt, orientalische Säulenplatanen an den Straßenecken und am Beginn der Begegnungszone als Ergänzung für die bereits existierenden Platanen. Um die Artenvielfalt zu erhöhen, eine angenehme Atmosphäre zu schaffen und einen Puffer zum Verkehrsknoten am südlichen Ende des Platzes herzustellen wurden auf dem verbreiterten Betonrand verschiedene Baumsorten, Sträucher sowie eine Unterbepflanzung gesetzt. Die Beleuchtung wird in diesem Bereich durch eine Zeitschaltuhr gesteuert, um negative Auswirkungen des Lichts auf Fauna und Flora zu vermindern.

Die Möglichkeit, das Regenwasser direkt versickern zu lassen, besteht nicht, weil der Platz in einer Senke gelegen und der Boden daher gesättigt ist.

Eine einfache Ästhetik

Die Gestaltung zielt darauf ab, den Platz von allen überflüssigen Elementen zu befreien und die verbleibenden gut zu integrieren und sinnvoll miteinander zu kombinieren. Topografie und Materialität wurden vereinfacht. Dank der durchgängigen Verwendung einer begrenzten Palette an Materialien kommt der Platz in seiner Gesamtheit zur Geltung. Die Überdachung mit Pavillon am nördlichen Ende ist das Gegenstück zum Baumcluster am südlichen Ende und fasst den Raum.

Die Pflasterung besteht aus verschiedenen Mischungen von fünf speziell angefertigten, robusten Betonpflastersteinen in verschiedenen Farbabstufungen von Dunkelgrau bis Ocker. Dies gibt dem Raum eine gewisse Einheitlichkeit, erlaubt es aber, die verschiedenen Bereiche (den Verweilraum im Inneren des Ovals, die Verkehrsbereiche für den aktiven Verkehr sowie die Anlieferzonen und den passiven Verkehr) subtil voneinander zu unterscheiden. Der Beton des Ovals wurde vor Ort gegossen und ist etwas dunkler. Die Seitenflächen wurden ausgewaschen, damit das darin enthaltene Granulat sichtbar wird. Alle vertikalen Elemente wie Poller, Masten und die Stützen der Überdachung haben einfache Formen und sind in der gleichen dunkelgrauen Farbe gehalten, um eine Einheitlichkeit zu erzeugen.

Alle Sitzflächen sind aus Holz und daher einladend und angenehm. Die Masten der Oberleitungen sind in die Betonbank eingelassen und dienen gleichzeitig als Trägervorrichtung für die Platzbeleuchtung, um die Anzahl der vertikalen Elemente zu minimieren.

Detail: reversible road profile

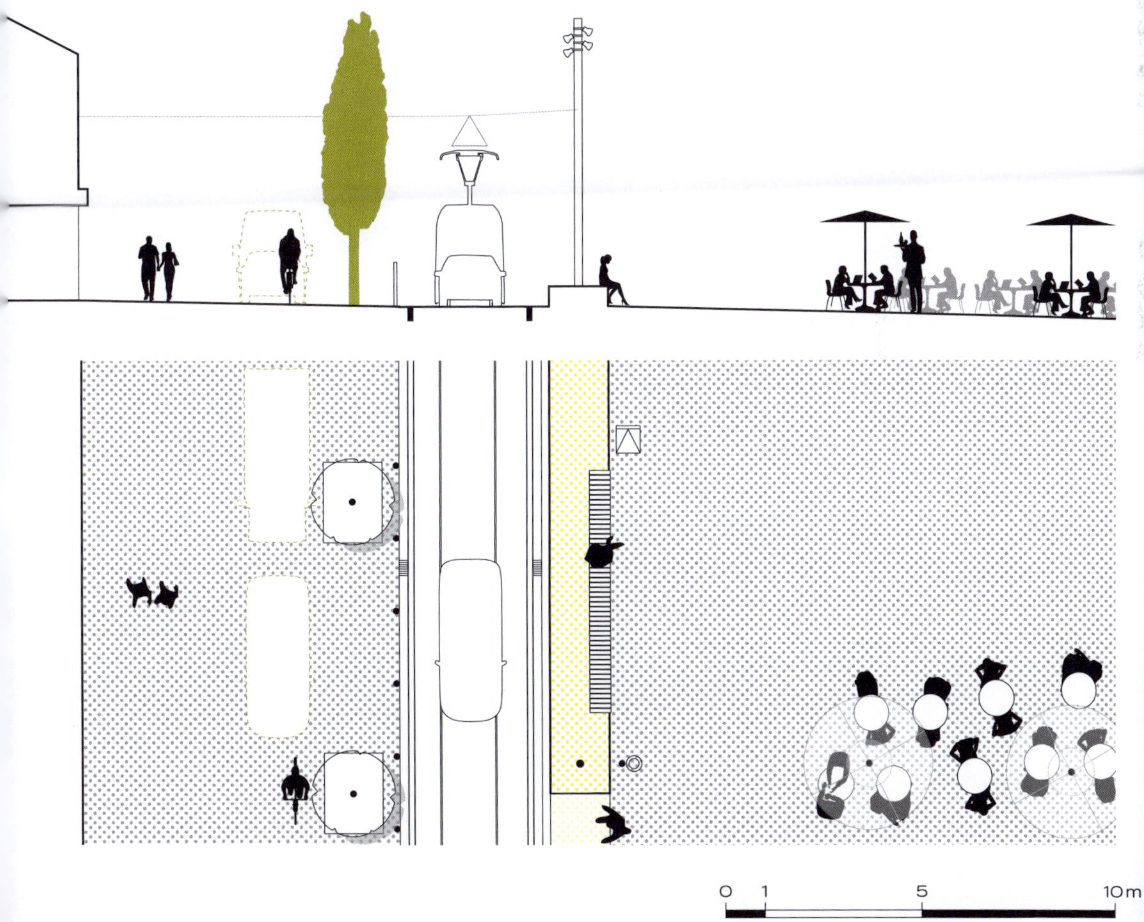

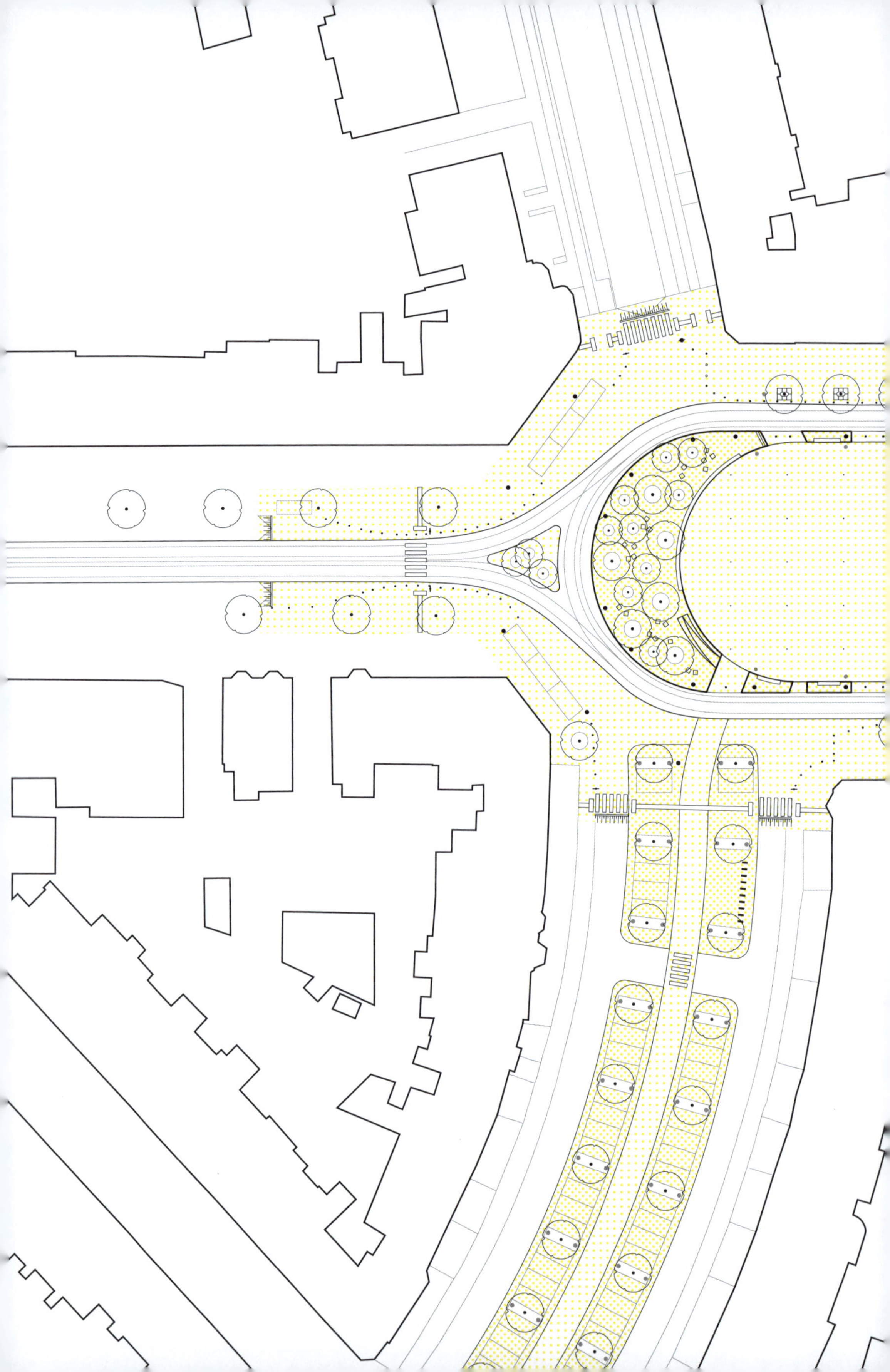

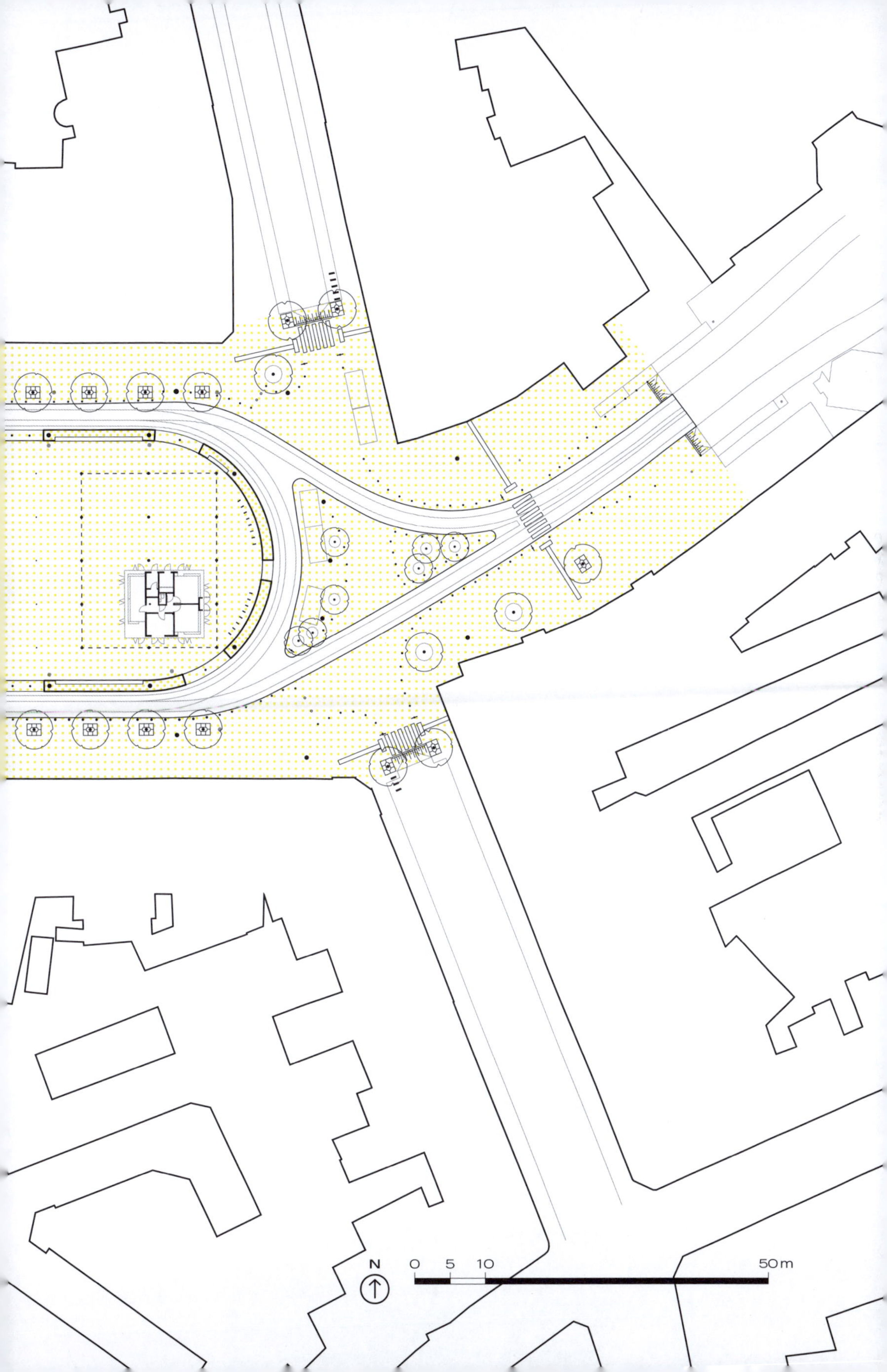
N
0 5 10
50 m

Club.
Club

CleanTouch
club.
Club

Der Park Belle-Vue / Leuven

Entwurf: Artgineering, H+N+S landschapsarchitecten / Auftraggeber: Stadt Leuven

Vorher

Das langgestreckte Projektgebiet liegt in unmittelbarer Nähe zum Bahnhof von Leuven, eingeklemmt zwischen Bahndamm und Bebauung. Es bestand aus einer vielbefahrenen Durchfahrtsstraße und Restflächen, die von Bahnbediensteten und Pendlern zum Parken genutzt wurden. In einem Teil des Areals war das Parken gratis, weshalb hier auch viele Urlaubsreisende ihre Autos abstellten, um dann den Zug zum Brüsseler Flughafen zu nehmen. Es gab breite, auch von Schwertransportern genutzte Fahrspuren, einseitig einen schmalen Gehsteig und noch schmälere Schutzstreifen für die Radfahrer. Die Kreuzung mit dem Tiensesteenweg am südlichen Ende des Areals war einer der problematischsten Verkehrsbrennpunkte der Stadt mit vielen Staus und Unfällen, auch mit Radfahrern.

Es handelte sich um einen Verkehrsraum ohne Verweilqualitäten. Nur die Spontanvegetation entlang der Bahngleise hatte eine gewisse ökologische und visuelle Qualität. Das nahegelegene Zentrum von Leuven hat eine hohe Bevölkerungsdichte und nur wenig Grünflächen. Tangential zum historischem Stadtkern liegend, beinhaltete das Projektgebiet ein lange Zeit unerkanntes Potenzial als strategische Verbindung zwischen bestehenden Parks und Naturgebieten, sowie mehreren Schulen und einem Research Park.

Nachher

Das Gebiet um den Leuvener Bahnhof hat in den letzten Jahren eine wahre Metamorphose durchlaufen. Der Masterplan von 1998 ist mit dem Belle-Vue-Park nun vollständig realisiert. Er unterscheidet sich von anderen Parks in Leuven durch seine einzigartige Lage an einer breiten Bahntrasse, welche im Entwurf als „Eiserner Fluss“ interpretiert wurde und die offene, weitläufige Gestaltung des Parks prägt. Der wichtigste Eingriff bestand darin, die verkehrsreiche

The Parc Belle-Vue / Leuven

Design: Artgineering, H+N+S landscape architects / Client: City of Leuven

Before

The long project area is located in close proximity to Leuven Train Station between the railway embankment and a housing development. The area was made up of a busy through road and residual space used by railway employees and commuters to park their cars. Parking was free on one part of the site, which meant that many travelers left their cars there, before taking the train to Brussels Airport. There were wide traffic lanes, also used by heavy goods vehicles, a narrow sidewalk on one side, and even narrower bike lanes. The crossing with the road Tiensesteenweg at the south end of the plot was one of the most problematic traffic hot spots in the city, with a great deal of congestion and many accidents, also involving cyclists.

It was a traffic space without anywhere to linger. Only wild vegetation growing along the railway tracks provided a certain ecological and visual quality. The close-by center of Leuven has a high population density and few green areas. Located on the periphery of the historic city center, the project area contained long unrecognized potential to provide a strategic connection between existing parks and conservation areas as well as between several schools and a research park.

After

The area around Leuven Train Station has undergone a true metamorphosis over the last few years. With the realization of the Belle-Vue Park, the 1998 Master Plan is now complete.

This park stands out from others in Leuven due to its unique location along a wide railway line, which was interpreted as an “iron river” in the design and shapes the open, generous design of the park. The most important intervention was moving the busy

Martelarenlaan halb versenkt in den Bahndamm zu verlagern. Entlang der Gebäude gibt es den sogenannte Parkweg, eine Kombination aus Radschnellweg und Fahrradstraße, der sich wie die Parkways von Robert Moses in New York durch seine sorgfältige Gestaltung gut in die Landschaft einfügt.

Der landschaftsarchitektonische Entwurf ist robust und flexibel, um den sich ändernden Anforderungen in der Zukunft gerecht werden zu können. Die abwechslungsreiche Topografie des Geländes und die sorgfältige Bepflanzung sind die wichtigsten Gestaltungselemente. Neben den grünen Polen an beiden Enden, hat der Park zwei starke bauliche Akzente: die „Bastionen" – mit Natursteinmauern abgegrenzte, aufgeweitete Zonen an den Anknüpfungspunkten der Querstraßen aus dem Quartier – bilden Kondensationspunkte im Park. Dieser ist heute ein sehr beliebter Ort zum Spazierengehen, Spielen und Entspannen und der „Parkweg" ist eine der meistgenutzten Radverkehrsachsen der Stadt.

Das Verknüpfen

Schon im Wettbewerbsentwurf wurde der Park Belle-Vue nicht nur als isolierte städtische Grüninsel aufgefasst, sondern als wichtiges Bindeglied in den Netzwerken von aktiver Mobilität und Ökologie. Die Verknüpfung mit den Fußgänger- und Radwegen in der Stadt und der Region sowie eine Verstärkung der Vegetation entlang des ökologisch wertvollen Eisenbahnkorridors waren wichtige Ausgangspunkte des Entwurfs. So wurde z.B. eine Radverbindung zur nahegelegenen Abdij van Park (Park-Abtei) vorgeschlagen und letztendlich auch realisiert.

Die wichtigste verkehrstechnische Maßnahme war das Aufteilen der Verkehrsströme in motorisierten Durchgangsverkehr unten entlang der Bahntrasse auf dem Spoordijk und aktiver Mobilität in Kombination mit lokalem Anliegerverkehr oben entlang der Bebauung am Parkweg. Darüber hinaus wurde im angrenzenden Quartier die Verkehrsführung geändert, um Durchgangsverkehr zu verhindern: Es wurde Einbahnverkehr eingeführt und pro Baublock die Fahrtrichtung geändert. Der Parkweg ist heute Teil des neuen Radschnellwegs F24 Leuven-Tienen und zugleich eine der ersten Fahrradstraßen in Belgien. Die Route wird in einem Tunnel unter dem verkehrsreichen Tiensesteenweg und anschließend im Bahndamm bis zu einer bestehenden, aber unausgelasteten Fahrrad- und Fußgängerbrücke über die Eisenbahn weitergeführt. Sie schließt eine Lücke im bestehenden Fahrradnetz, das Bahnhof, Schulen, Arbeits- und Wohngebiete, aber auch wichtige Grünanlagen in der Nähe von Leuven miteinander verbindet.

Profiles: active vs. passive mobility, before and after

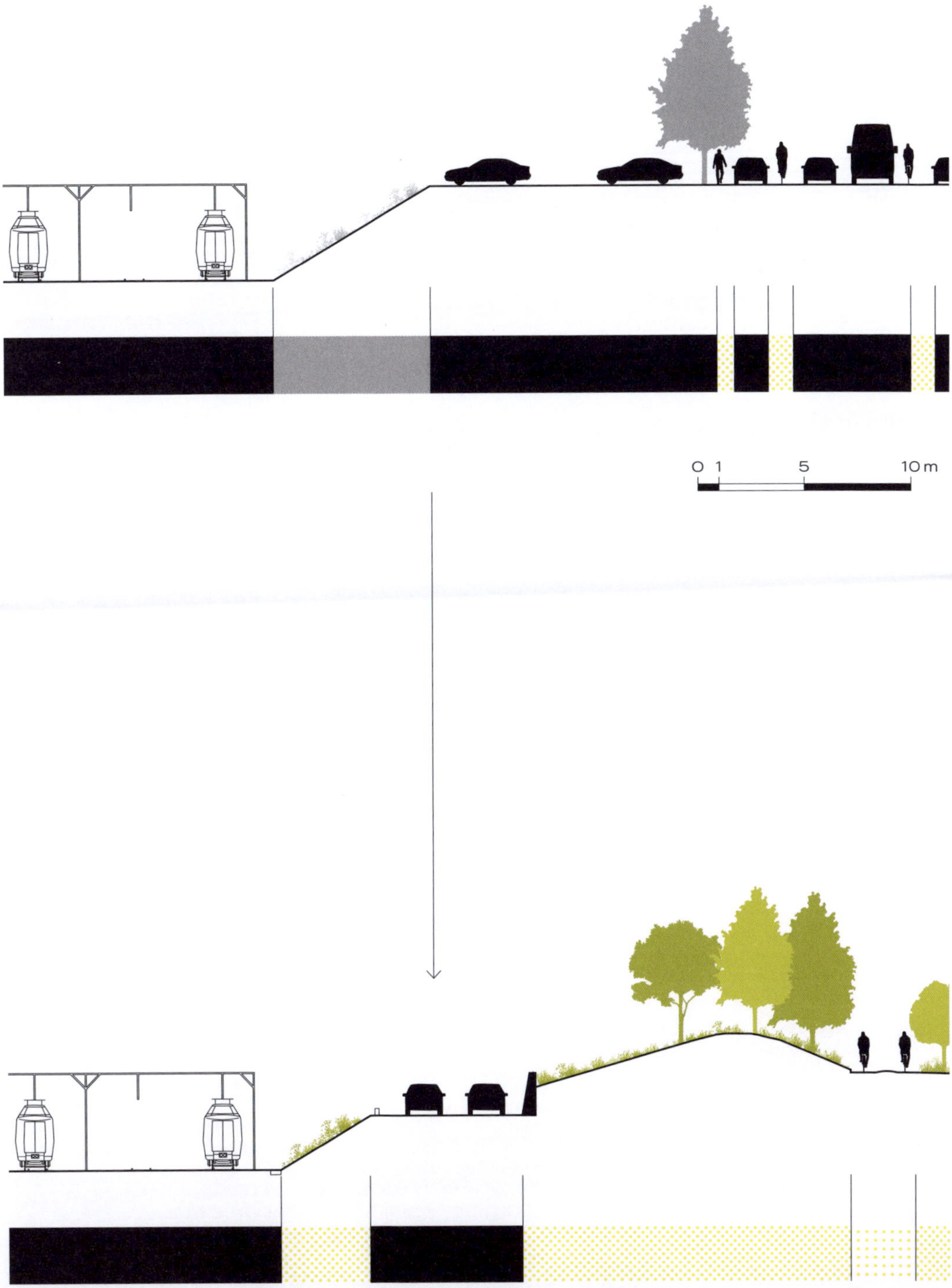

Situation: before and after

Martelarenlaan road and partially sinking it into the railway embankment. A small parkway stretches alongside the buildings, combining a high-speed bike lane with a bicycle boulevard. Like Robert Moses' parkways in New York, it is carefully designed to fit neatly into the landscape.

The landscape architecture is designed to be robust and flexible, so that it can meet changing demands in the future. The most important design elements are the varying topography of the site and the careful planting. In addition to the green focal areas at both ends, the park has two further architectonic features, the "bastions": public squares, bordered by stone and located where the crossroads lead out of the neighborhood. This is now a popular place to go for a walk, to play and relax—and the parkway is one of the most used cycle routes in the city.

Creating connections

Right back when creating the competition design, the Belle-Vue Park was seen not simply as a green urban island, but also as an important link in the networks of active mobility and ecology. Starting points of the design were the creation of connections with pedestrian walkways and cycle lanes in the city and region and the development of vegetation along the ecologically valuable railway corridor. This resulted, for example, in the suggestion of creating a cycle lane leading to the nearby Abdij van Park—and indeed its eventual realization.

The most important measure in terms of traffic infrastructure was the division of traffic flows: motorized through traffic was redirected along the railway track on the railway embankment below and active mobility was combined with local residential traffic passing the housing development on the parkway above. Furthermore, the traffic routing was changed in the adjacent neighborhood to prevent through traffic: a one-way system was introduced, with the direction of travel changing at each block. Today, the parkway is part of the new F24 Leuven-Tienen cycle highway and one of the first bicycle streets in Belgium. The route continues through a tunnel under the busy Tiensesteenweg, then along the railway embankment, to an existing but under-used bridge for cyclists and pedestrians leading over the railway tracks. This closes a gap in the cycling network connecting the train station, schools, business and residential areas, as well as important green spaces near Leuven.

The Belle-Vue Park is therefore a valuable addition not only to the network of green spaces in the city, but also to its mobility structure. The cycle lane through the park strengthens the position of the bike as an urban and regional mobility option.

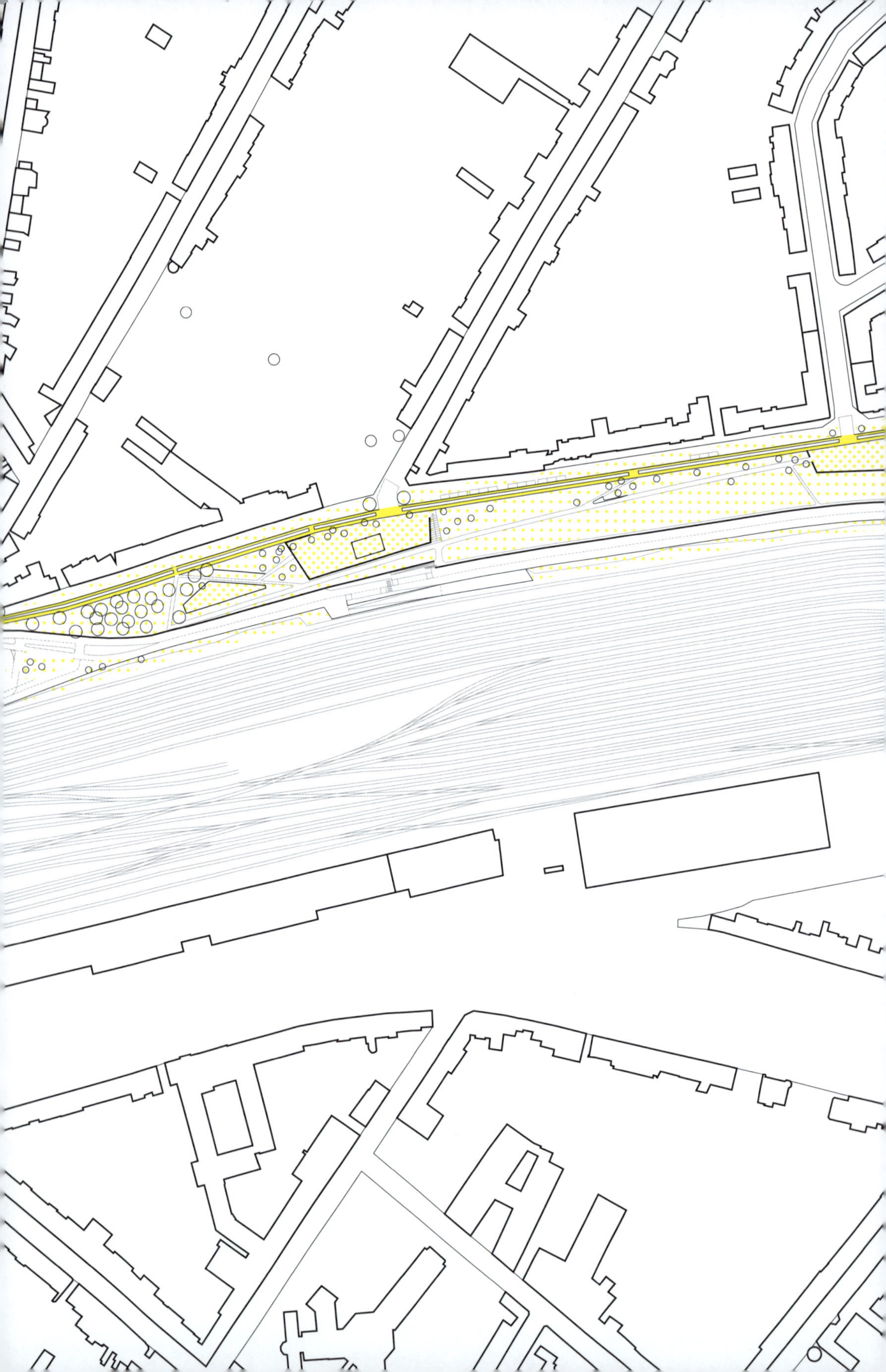

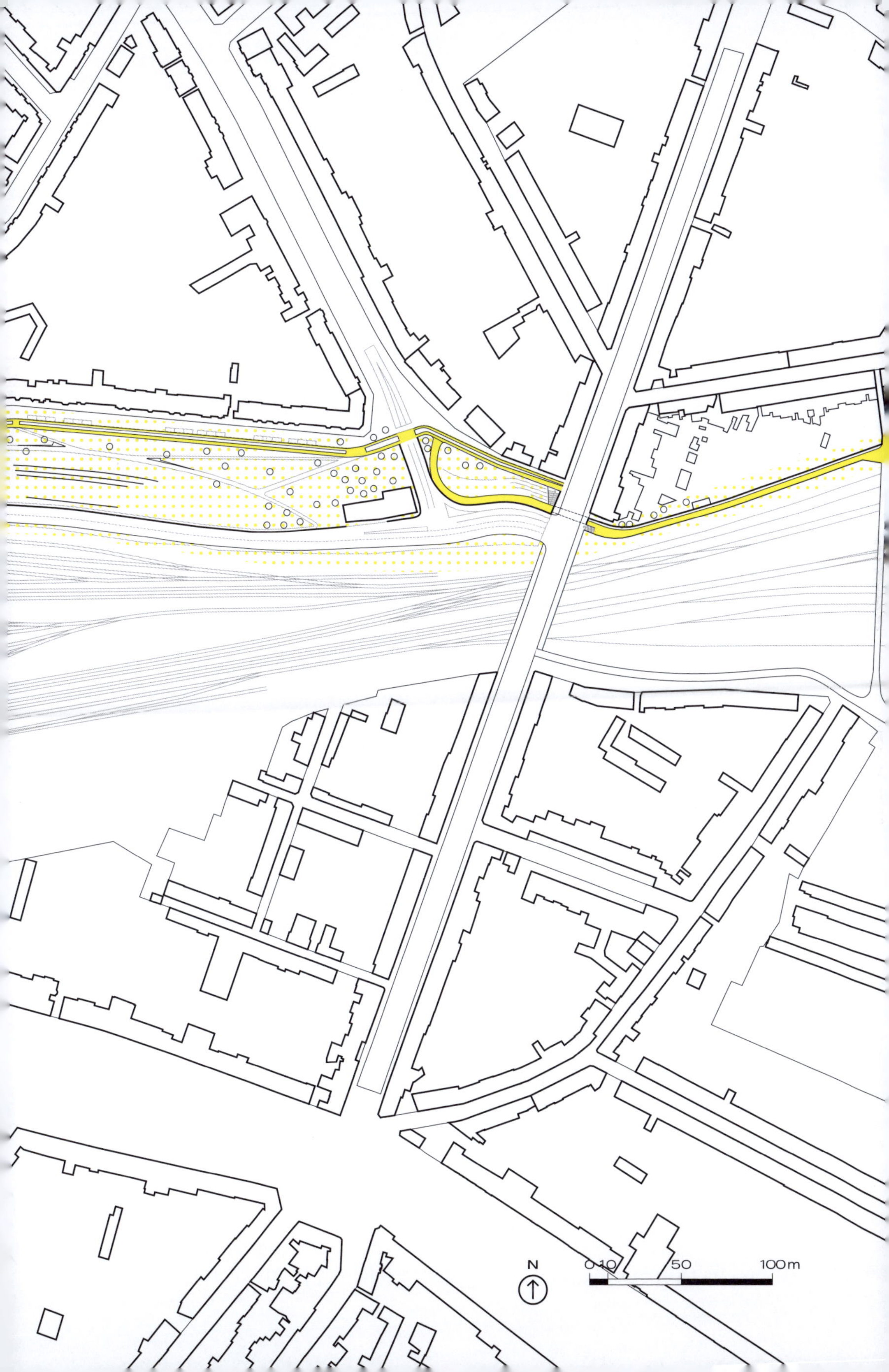
N
0 10
50
100 m

Der Park Belle-Vue ist somit nicht nur eine wertvolle Ergänzung zum Grünraumnetz der Stadt, sondern auch zu ihrer Mobilitätsstruktur. Der Der Radweg durch den Park stärkt die Position des Fahrrads als städtische und regionale Mobilitätsalternative.

Die Beteiligung

Das Projekt wurde im Rahmen eines „Open Oproep", organisiert vom Team Vlaamse Bouwmeester, in einem geladenen Wettbewerbsverfahren vergeben. H+N+S Landschaftsarchitekten und Artgineering waren zuerst Konkurrenten, wurden aber schließlich beauftragt, gemeinsam an der Gestaltung des Parks und seiner von Artgineering vorgeschlagenen Erweiterung mit einer zusätzlichen Fahrradanbindung entlang des Bahndamms zu arbeiten. Dies führte nicht nur zu einer seitdem andauernden, fruchtbaren Zusammenarbeit der beiden Büros, sondern auch zu einer signifikanten Vergrößerung des Projektgebiets und des Auftragsvolumens, das um den Bau eines Radverkehrstunnels und eines Radschnellwegs erweitert wurde.

Gegen den damals noch „Fahrradautobahn" genannten Radweg im Bahndamm gab es große Widerstände bei den Anrainern, die die bestehende Spontanvegetation lieb gewonnen hatten und um ihre Privatsphäre fürchteten. In einem intensiven Beteiligungsprozess wurde versucht, diese NIMBY (Not In My Backyard)-Haltung zu überwinden und auch die praktischen Bedenken durch die gemeinsame Erarbeitung der Lage des Radwegs sowie von Bepflanzung, Beleuchtung und Sichtschutzmaßnahmen auszuräumen.

Ein Resultat des Partizipationsprozesses ist, dass die Trasse im Eisenbahndamm halbvertieft angelegt wurde, womit die Privatsphäre der Anrainer gewahrt bleibt. Es wurde auch auf ihren Wunsch eingegangen, einen direkten Zugang vom Garten zum Radweg zu erhalten: Mehrere Öffnungen in der Stützwand sind über gemeinschaftlich genutzte Wege entlang der Gartenseite der Häuser erreichbar. Die Anrainer haben somit einen privilegierten Zugang zum Radschnellweg und die Möglichkeit, ihre Räder im eigenen Garten anstatt in der engen Straße abzustellen.

Für den Entwurf der Spielinfrastrukturen des Parks wurde die Zusammenarbeit mit den Schulen im Quartier gesucht. Das Thema wurde von verschiedenen Klassen als Lehrstoff bearbeitet. Die Ergebnisse wurden dem Entwurfsteam durch die Schüler selbst präsentiert und in Workshops weiterentwickelt.

Die Belebung der lokalen Ökonomie

Die kilometerlange Stützwand im Park wurde bewusst mit Naturstein aus einem nahegelegenen Steinbruch verkleidet, um die Transport-

wege kurz zu halten, die Lieferbarkeit zu garantieren und die lokale Wirtschaft zu fördern.

Die angrenzenden Parzellen und Gebäude haben durch die Lage am Park und die gute Fahrradverbindung in die Stadt und zum Bahnhof eine Wertsteigerung erfahren.

Die an den Park grenzende Bebauung besteht mit Ausnahme zweier Pommes frites-Stände und einer Autowerkstatt vor allem aus Wohngebäuden. Eine Tankstelle auf einem verpachteten Grundstück der Belgischen Bahn wurde abgerissen, da der Grund für die Verlegung der Durchgangsstraße gebraucht wurde. Die Stadt tauschte diesen gegen eine andere Parzelle am Ende des Parks ein und erteilte die Genehmigung, dort ein Studierendenwohnheim zu errichten. Die Pommes-Buden profitieren von der zahlreichen Lauf- und Radkundschaft. Bei der kleinen Autowerkstatt dürfte dies nicht der Fall sein. Dafür hat sich inzwischen ein Fahrradladen am Parkweg angesiedelt und die Stadt Leuven entwickelt Strategien, um den Radschnellweg F24 für Lieferverkehr mit Lastenrädern zu nutzen. Auf einer Bastion haben Bewohner eine „Bar Belvue“ in einem alten Wohnwagen initiiert. Jedes Wochenende treffen sich dort jetzt Anwohnerinnen und Passanten auf ein Glas unter den Bäumen.

Das Teilen von Raum

Ein Trick, um die verschiedenen Verkehrsströme durch den Park zu bündeln und so mehr Grünraum zu bewahren, ist das Profil des Parkwegs. Dieser besteht aus zwei durch einen Mittelstreifen aus Naturstein getrennten Betonstreifen, die gerade breit genug sind, damit zwei Radfahrer nebeneinander fahren können, aber zu schmal für ein Auto. Autos fahren also immer mit zwei Rädern auf dem holprigen Naturstein, was die Geschwindigkeit vermindert und dazu beiträgt, dass Radfahrer, wie in einer Fahrradstraße vorgeschrieben, nicht überholt werden.

Der Park selbst ist offen und durchlässig gestaltet. Alle Bänke und Spielgelegenheiten sind barrierefrei erreichbar und die Wege sind mit behindertenfreundlichen Steigungen ausgeführt. Eine Joggingstrecke mit Rindenmulchboden wurde ebenso integriert wie ein abgegrenzter Bereich, in dem Hunden freier Auslauf gewährt wird. Die Bastionen im fließenden Grünraum funktionieren als Verweilräume für Bewohner beziehungsweise als Spielflächen für Kinder. Um hier größere und kleinere temporäre Veranstaltungen zu ermöglichen, wurden eine multifunktionale Überdachung und Anschlüsse für Elektrizität vorgesehen.

The participation

The project was commissioned during an invited competition held as part of an "Open Oproep" organized by Team Vlaamse Bouwmeester. H+N+S Landscape Architects and Artgineering were initially competitors, but were ultimately commissioned to work on the design of the park together, which was to include the extension suggested by Artgineering with an additional bike lane along the railway embankment. This not only led to fruitful, long-term cooperation between the two practices, but also to a significant increase in the size of the project area and commission with the addition of a new tunnel for cyclists and a high-speed bike lane in the railway embankment.

There was a great deal of opposition to the cycle lane in the embankment, which was referred to as a “bike highway”. Residents had grown attached to the wild vegetation and were concerned about their privacy. An in-depth participation process was used to try and overcome this NIMBY (Not In My Backyard) stance as well as to deal with practical concerns by discussing the position of the bike lane, planting, lighting, and screening.

One result of the participation process was that the route in the railway embankment was constructed lower down to respect the privacy of the residents. It was also agreed to allow direct access from garden to cycle path, as requested. Openings were made in the supporting wall that can be reached via shared paths stretching along the gardens. The residents therefore have privileged access to the high-speed bike lane and can park their bikes in their own garden, rather than in the narrow street.

The playground design was created in cooperation with neighborhood schools. The topic was covered in different classes as part of the syllabus and the pupils presented the results to the design team, after which they were developed further in workshops.

Revitalization of the local economy

The decision was made to clad the kilometer-long supporting wall in the park with natural stone from a local quarry. This meant that long transport routes could be avoided, availability was guaranteed, and the local economy could be supported. Adjacent plots and buildings benefited from an increase in value due to their proximity to the park as well as the good bike routes into the city and to the station. With the exception of two French fry stands and a car repair shop, the development next to the park consists almost entirely of residential buildings. A gas station on a plot leased by the Belgium Railway Company was torn down, as the space was needed to relo-

Detail: parkway profile

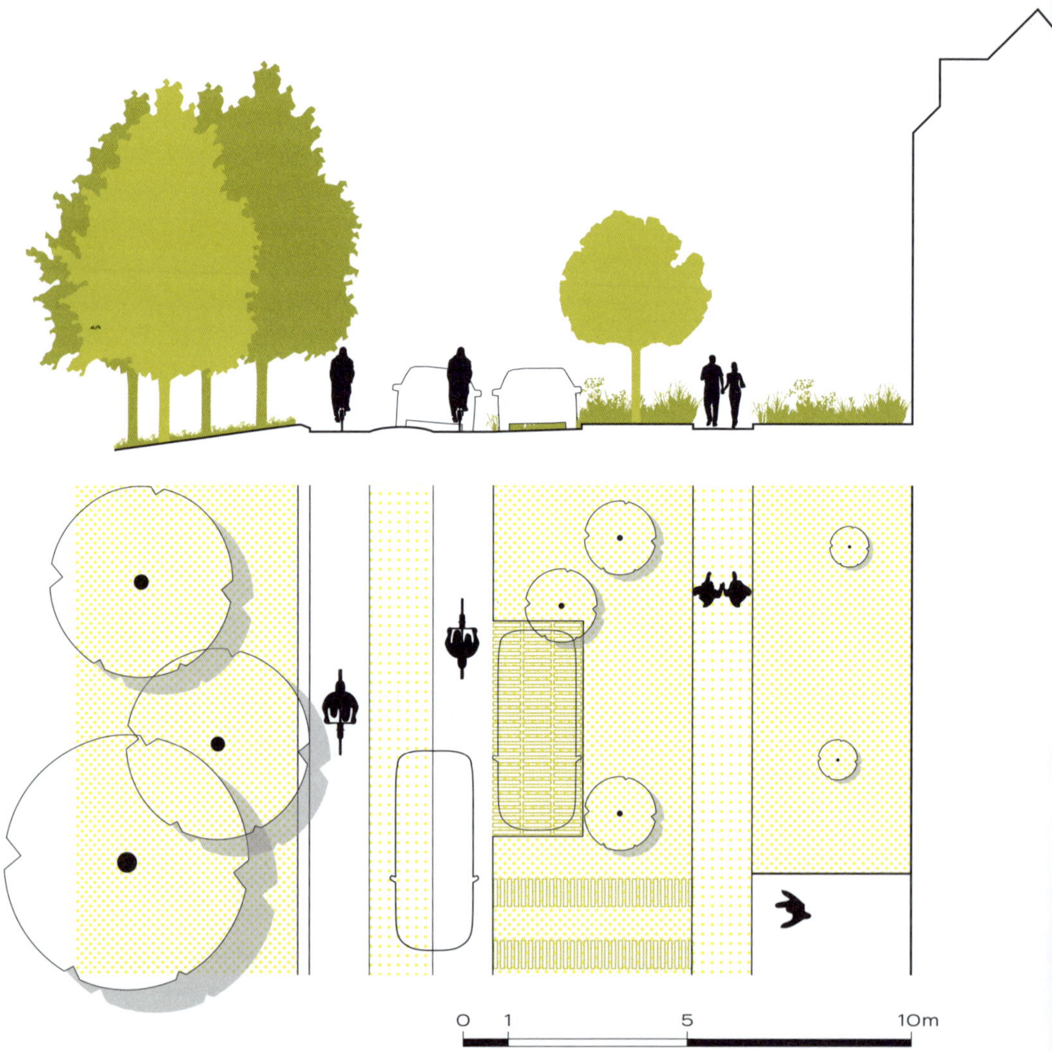

cate the through road. The city administration swapped this space for another plot at the end of the park and granted permission for student housing to be built there. The French fry stands benefit from passing custom, both pedestrians and cyclists. This is, however, probably not the case for the small garage. Instead, a bike shop has opened on the parkway and Leuven City Administration is developing strategies for using the cycle highway F24 for deliveries with cargo bikes. Residents have opened "Bar Belvue" on one of the bastions, housed in an old caravan. Every weekend, residents and passersby now meet and enjoy a glass or two under the trees.

Space sharing

A trick used to combine the different traffic flows passing through the park and thus maintain more green space is the parkway profile. It consists of two concrete paths divided by a central strip of natural stone. These concrete paths are just wide enough for two cyclists to ride side-by-side, but too narrow for a car. This means that cars always drive with two wheels on a surface of bumpy stone, keeping their speed down and helping to ensure that cyclists are not overtaken, a requirement for a bicycle street.

The park itself is designed to be open and accessible. The benches and playground equipment can be reached by all and the paths have disability-friendly slopes. There is also a jogging route surfaced with bark chippings and an enclosed area for dogs to let off steam. The bastions in the open green area provide a place for residents to meet and relax as well as space for children to play. A multifunctional canopy and connections for electricity make it possible to hold large and small temporary events.

The metabolism

The landscape design aimed to achieve a balanced use of soil and reused as much of the excavated material as possible on site, e.g., for the hills at the two ends of the park. This reduced the amount of soil needing to be removed and taken through the city in trucks.

The parking spaces and through street were removed and the ground unsealed. Some of the old paving stones were recycled to create resident parking and the central division along the parkway. As much rainwater as possible is allowed to infiltrate into the soil. Small channels have been added along the paths in the park, storing water and releasing it gradually into the soil so that the sewage system is not under too much pressure at peak times.

The planting along the railway line makes use of elements of the previous wild vegetation and retains the ecological function of

Der Metabolismus

Bei der Landschaftsgestaltung wurde auf eine ausgeglichene Grundbilanz geachtet und so viel Aushub wie möglich auf dem Terrain wiederverwendet, z.B. für die Hügel an den beiden Enden des Parks. Der Abtransport von Erdreich mit Lastwagen durch die Stadt wurde somit reduziert.

Die früheren Parkplatzflächen und auch die Durchgangsstraße wurden abgetragen und der Boden entsiegelt. Für die Ausführung der Anwohnerparkplätze und des Mittelstreifens des Parkwegs wurde ein Teil der alten Pflastersteine recycelt. So viel Regenwasser wie möglich wird in den Boden infiltriert. Entlang der Wege im Park sind Wadis angelegt, die das Regenwasser puffern und verzögert an den Grund abgeben, sodass das Abwassersystem zu Spitzenzeiten nicht überlastet wird.

Die Bepflanzung entlang der Bahntrassen nimmt Elemente der früheren Spontanvegetation auf und erhält die ökologische Funktion des Bahndammkorridors. Der öffentliche Raum zwischen Parkweg und Häusern ist als eine Art Vorgartenzone mit gemischter niedriger und mittelhoher Bepflanzung konzipiert. Dadurch werden der Übergang vom öffentlichen zum privaten Raum gestaltet und die Biodiversität im Park verbessert.

Eine einfache Ästhetik

Für den Park Belle-Vue wurde mit schlichten, langlebigen und reproduzierbaren Materialien gearbeitet. Um den Parkcharakter zu unterstreichen sind die Fahrstreifen des Parkwegs nicht in Asphalt, sondern in Beton ausgeführt. An Kreuzungspunkten wurde dieser ausgewaschen, um die veränderte Verkehrssituation zu markieren. Es wurde so viel wie möglich auf Fahrbahnmarkierungen und Beschilderungen verzichtet.

Um eine gestalterische Einheit zu erzielen, sind die markanten Stützmauern des Parks, der Bastionen und des Radschnellwegs im Bahndamm mit dem gleichen hochwertigen Naturstein bekleidet. Die Sitzränder, die kleinere Höhenunterschiede im Park ausgleichen, bestehen aus vorgefertigten Betonteilen und sind an exponierten Stellen mit Holzflächen und -lehnen versehen, um komfortables Sitzen zu ermöglichen. Die Spielinfrastruktur nimmt die Vorschläge der Schüler auf und ist in natürlichen Materialien ausgeführt. Der Charakter des Parks wird bestimmt von der sich ständig ändernden Topografie der Graslandschaft, die abwechslungsreiche Ausblicke auf die Bahn und ihre Umgebung bietet. Die Vorgartenzone steht mit ihrer detailreichen und diversifizierten Bepflanzung bewusst im Kontrast zum Rest des Parks.

the railway embankment corridor. The public space between parkway and residential buildings is designed as a front garden zone with mixed small- and medium-height planting. This shapes the transition from public to private space and improves biodiversity in the park.

A simple aesthetic

Simple, long-lasting, and replaceable materials were used to create Belle-Vue Park. To highlight its park character, the lanes of the parkway are made of concrete rather than asphalt. Exposed aggregate was used at crossings to mark the change in the traffic situation; road markings and signs were avoided as far as possible.

The striking supporting walls of the park, bastions, and bike lane in the railway embankment were cladded with the same high-quality natural stone to ensure a coherent design. Edge seating that balances out the small differences in height in the park is made of pre-fabricated concrete elements and given wooden surfaces and back rests at prominent locations to provide a comfortable place to sit. The playground makes use of the pupils' suggestions and is constructed using natural materials. The character of the park is shaped by the continuously changing topography of the grassy landscape, with its varying views onto the railway and its surroundings. The front garden zone with its detailed and diverse planting purposefully provides a strong contrast to the rest of the park.

VEDETT

Und wie sieht es in kleinen Städten und auf dem Land aus? Wie verändert sich das Mobilitätsverhalten dort und welchen Einfluss hat dies auf den öffentlichen (Verkehrs)Raum?

Viele der Projekte, die in diesem Buch vorgestellt werden um zu zeigen, wie Verkehrsräume in vollwertige öffentliche Räume umgewandelt werden können, befinden sich in großen Städten wie New York, Barcelona, Kopenhagen, Brüssel, Wien und Paris. Die Recherchen zu diesem Buch machten deutlich, dass es in kleinen Städten und ländlichen Regionen viel weniger oft gute Beispiele für solche Transformationen gibt als in den großen Metropolen dieser Welt.

Doch am Land ist die Automobilität noch viel dominanter und mangels alternativer Verkehrsmodi sind die öffentlichen Räume dort noch stärker auf das Auto ausgerichtet. Die vermeintliche Notwendigkeit für groß angelegte Verkehrsflächen zum Fahren und Parken der Autos ist für kleinere Städte und Dörfer problematisch, denn sie beeinträchtigt in hohem Maße die Lebens- und Aufenthaltsqualität[1]. Und hier liegen die großen zukünftigen Herausforderungen: Es geht darum, einerseits neue Mobilitätsformen als Alternativen zum Auto zu finden und zu fördern und andererseits überdimensionierte, oft nur wenig genutzte, aber im Unterhalt teure Verkehrsräume einer anderen Verwendung zuzuführen. Wie im periurbanen Bereich geht es auch im ruralen Kontext um die Weiterentwicklung von monofunktionellen, vom Auto geprägten Verkehrsräumen zu multifunktionalen Räumen der Mobilität, der Begegnung und des Verweilens. Dabei muss natürlich auch die geringere Bevölkerungsdichte im ländlichen Raum berücksichtigt

So, what is the situation like in small towns and in the countryside? In what way is mobility behavior changing there and how does this shape the traffic and public space?

Many of the projects presented in this book, showing how traffic spaces can be transformed into real public spaces, are in large cities, such as New York, Barcelona, Copenhagen, Brussels, Vienna, and Paris. While undertaking research for this book, it became clear that there are far fewer good examples in small towns and rural areas than in the metropolitan cities of the world.

But cars dominate even more in the countryside and a lack of alternative transport means that public spaces are even more clearly designed around cars. The supposed necessity of large-scale traffic areas for moving and parked cars is problematic for smaller towns and villages as this has a highly negative impact on quality of life and public space[1]. This reveals the major challenges of the future: it will be necessary to find and promote new forms of mobility that offer alternatives to the car as well as to develop a new way of using traffic spaces that are costly to maintain, too large, and underused. Like in peri-urban areas, rural monofunctional traffic spaces dominated by cars need to be transformed into multifunctional spaces for mobility, exchange, and lingering.

When undertaking these transformations, the lower population density in the country also needs to be taken into account. It is comparatively easier to implement public transport (buses, trams, trains) in urban and peri-urban areas due to the higher

werden. In der Tat ist es so, dass öffentliche Transportmöglichkeiten (Bus, Straßenbahn, Zug) im urbanen und periurbanen Bereich aufgrund der Bevölkerungsdichte und der damit verbundenen Rentabilität relativ gesehen leichter umzusetzen sind. Im ländlichen oder halb-ländlichen Bereich sowie in kleinen, schrumpfenden Städten und Dörfern ist es jedoch sehr viel schwieriger, Alternativen zu entwickeln.

Paradoxerweise könnte gerade das autonome Fahren, das im Moment vor allem als vermeintlicher Problemlöser im urbanen Raum diskutiert wird, ein Teil der Lösung im ländlichen Raum werden. Kleinmaßstäblicher und maßgeschneiderter öffentlicher Personenverkehr scheitert hier vor allem an den hohen Personalkosten für Fahrer, die für hochfrequentere Fahrdienste mit kleineren Fahrzeugen nötig wären. Gäbe es autonome Fahrzeuge, müssten Mütter und Väter ihre Kinder nicht mehr zum Fußballtraining ins Nachbardorf fahren und Ältere ohne Führerschein kämen ohne Hilfe wieder allein zum Hausarzt in der nächstgrößeren Gemeinde. Zudem gibt es auf den Straßen im ruralen Kontext viel weniger potenzielle „Störfaktoren“ in Form von Fußgängerinnen und Radfahrern, die es den Algorithmen bis heute unmöglich machen, in der Stadt die Sicherheit zu garantieren, die für eine flächendeckende Markteinführung der Roboterautos nötig ist. Die Frage der ländlichen Mobilität könnte also das Problem sein, nach dem die Verfechter der Technologie des autonomen Fahrens schon so lange suchen.[2]

Aber bereits heute gibt es im ländliche Raum interessante alternative Ansätze zur Lösung der Mobilitätsfrage[3]: Durch den Einsatz neuer Technologien ist es möglich, reibungslose intermodale Fahrten von

population density that makes such measures profitable. In rural or semi-rural areas and in small, shrinking towns and villages, it is much more difficult to develop alternatives.

Paradoxically, self-driving cars, which currently are primarily presumed to be a solution to problems in urban areas, could be part of the remedy for rural regions. Today, high staffing costs is a main reason why small-scale, made-to-measure public transport is not possible in the country; for this to work, drivers would need to make more frequent journeys in smaller vehicles—the financial implications are clear. Autonomous vehicles would mean that parents would no longer need to drive their children to the next village for football practice. And elderly people without a driving license would again be able to reach their general practitioner in the next town without requiring help. Furthermore, rural streets have far fewer potential "interferences" in the form of pedestrians and cyclists that still make it impossible for algorithms to guarantee the level of safety in the city that would be needed for autonomous cars to be brought in on a large scale. The issue of rural mobility could therefore be the problem that the advocates of self-driving cars have so long been looking for.[2]

There are, however, already interesting alternative approaches to solving the problem of mobility in the country:[3] new technologies can be used to organize seamless door-to-door intermodal journeys; other models use social media to share cars; and there is the option of avoiding journeys altogether by not taking people to amenities (shops, banks, doctors, etc.), but bringing amenities back into the

Tür zu Tür auch hier zu organisieren. Andere Modelle verwenden soziale Medien, um Autos zu teilen und schließlich gibt es auch die Möglichkeit, Fahrten zu vermeiden, indem nicht die Menschen zu den Einrichtungen (Geschäfte, Banken, Ärzte etc.), sondern die Einrichtungen in mobiler oder automatisierter Form wieder zurück in die Dörfer gebracht werden. Ein Beispiel ist das kleine Dorf Grolloo im ländlich geprägten niederländischen Nordosten. Hier experimentiert die Provinzverwaltung zusammen mit den Dorfbewohnern mit einem sogenannten „Mobilitätshub", einem Knotenpunkt für verschiedene öffentliche, kollektive und private Verkehrsmodi, an dem an bestimmten Tagen auch verschiedene städtische Dienstleistungen aus den Bereichen Gesundheit, Verwaltung, Kultur und Bildung angeboten werden. Der Hub soll Jung und Alt und zusammenbringen und zwischen Angebot und Nachfrage in Sachen Mobilität aber auch anderer Grundbedürfnisse vermitteln. Er wird zwischen dem Dorfsaal, der Schule und einem Pflegeheim auf einem ehemaligen Parkplatz im Dorfzentrum verortet. Vielleicht ist dies ein Vorbote der Entwicklung neuer Typologien öffentlicher Räume im ruralen Kontext der Zukunft – sozusagen als ländliches Pendant zur Transformation eines städtischen Verkehrsraums in einen öffentlichen Platz.

villages again, in a mobile or automated form. One example is the small rural village of Grolloo in the northeast of the Netherlands. Here, the provincial administration is working together with village residents to experiment with a "mobility hub" that unites different public, collective, and private modes of transport. On certain days, residents are also provided with various urban services covering health, administration, culture, and education. The hub aims to bring together younger and older generations, encouraging communication on mobility requirements and availability as well as other basic needs. It is positioned between the village hall, the school, and a care home on a former car park in the village center. Perhaps this is a sign of things to come, when new typologies of public spaces will develop in rural areas of the future—the countryside equivalent to transforming an urban traffic space into a public square.

---

1 – Degros A., Schwab E., Relational Rurality. Alternative Mobility as Key to Quality of Life, in: GAM 15: *Territorial Justice,* Berlin 2019, 110–119

2 – In the sense of the statement Cedric Price made in 1966: "Technology is the answer, but what was the question?"

3 – See Artgineering's study 'New rural mobility', commissioned by the Dutch Creative Industries Fund, Rotterdam 2018

Stefan Bendiks, Dipl.-Ing., ist Architekt und Mitbegründer des in Brüssel niedergelassenen Büros Artgineering. Sein besonderes Interesse gilt der aktiven Mobilität und deren Potenzial für lebenswerte Städte. Er arbeitet derzeit an der Realisierung verschiedener Projekte im öffentlichen Raum, vor allem in Brüssel und Flandern. Zudem hält Stefan Bendiks weltweit Vorträge über Urbanismus und Mobilität. Bis 2013 war er Leiter der Master-Spezialisierung Context an der Architekturakademie ArtEZ in Arnhem/NL. 2013/14 war er Professor an der Akademie der bildenden Künste Wien. Derzeit hat er einen Lehrauftrag an der TU Graz. Stefan Bendiks ist korrespondierendes Mitglied der Deutschen Akademie für Städtebau und Landesplanung und als Experte im Bereich Stadtplanung und Mobilität mit der Dutch Cycling Embassy assoziiert. Er ist unter anderem Autor des Buches *Fietsinfrastructuur / Cycleinfrastructure* sowie der Studien *Fietsland* und *Meer fiets – meer stad*, die er im Auftrag des niederländischen Ministeriums für Infrastruktur und Umwelt durchführte. Stefan Bendiks arbeitete in beratender Funktion für die Städte Rotterdam, Montreuil, Groningen, Ludwigsburg, Lüleburgaz / Türkei und Teheran und unterstützte diese bei der Entwicklung neuer Radverkehrsstrategien.

Aglaée Degros, Arch., ist Professorin und Leiterin des Instituts für Städtebau der Technischen Universität Graz. Davor war sie Professorin für Stadtkultur und öffentlichen Raum an der Technischen Universität Wien und Gastprofessorin am Zentrum für Stadtforschung Cosmopolis der Vrije Universeiteit Brüssel, wo sie seitdem Science Fellow ist. Sie ist Mitbegründerin des Städtebaubüros Artgineering. Besonderes Augenmerk richtet sie bei ihrer Arbeit auf komplexe Projekte urbaner Neugestaltung sowie die Beteiligung und kreative Einbindung von Bewohnern und Nutzern. Aglaée Degros zeichnet unter anderem für das „Vademecum öffentlicher Raum" verantwortlich, das von der Region Brüssel in Auftrag gegeben und in Zusammenarbeit mit den Brüsseler Universitäten erarbeitet wurde. Sie ist (Co)Autorin verschiedener Publikationen, unter anderem von *Public Space and the Challenges of Urban Transformation in Europe* (Oxford 2013) und *Brussels, (re)discovering its spaces* (Brüssel 2014). Aglaée Degros ist Mitglied des Scientific Committee von Europan und nimmt regelmäßig an internationalen Jurys und Konferenzen teil. Aktuell ist sie Mitglied der Jury des Stadterneuerungsfonds in Flandern.

Stefan Bendiks, Dipl.-Ing., is an architect and co-founder of Artgineering, a practice based in Brussels. He is particularly interested in active mobility and its potential to create cities we want to live in. Currently he is working on the realization of different projects in the public space, mainly in Brussels and Flanders. Stefan Bendiks also gives talks all over the world on the topics of urbanism and mobility. Until 2013, he directed the master specialization Context at the ArtEZ Academy of Architecture in Arnhem/NL. In 2013/14, he worked as a professor at the Academy of Fine Arts Vienna. He currently teaches at Graz University of Technology. Stefan Bendiks is a corresponding member of the German Academy for Urban and Rural Planning and acts as expert for urban planning and mobility for the Dutch Cycling Embassy. His publications include the book *Fietsinfrastructuur / Cycleinfrastructure* and the studies *Fietsland* and *Meer fiets – meer stad*, which he undertook as a commission for the Dutch Ministry of Infrastructure and the Environment. Stefan Bendiks has worked as an advisor for the cities of Rotterdam, Montreuil, Groningen, Ludwigsburg, Lüleburgaz/Turkey, and Teheran, supporting them in the development of new strategies for bicycle traffic.

Aglaée Degros, Arch., is Professor and Director of the Institute of Urbanism at Graz University of Technology. Previously, she worked as Professor of Urban Culture and Public Space at Vienna University of Technology and as a guest professor at the Cosmopolis Centre for Urban Research at the Free University of Brussels, where she is now Science Fellow. She co-founded Artgineering, an urban planning practice. In her work, she particularly focuses on complex projects redesigning urban space as well as participation and the creative involvement of residents and users. Aglaée Degros was responsible for the "Vademecum for Public Space", commissioned by the Region of Brussels and developed in cooperation with the city's universities. She is author/co-author of various publications, including *Public Space and the Challenges of Urban Transformation in Europe* (Oxford 2013) and *Brussels, (re)discovering its spaces* (Brussels 2014). She is a member of Europan's Scientific Committee and participates regularly in international juries and conferences. Currently, she is a member of the Urban Renewal Fund Jury in Flanders.

Impressum / Imprint

Übersetzung fr – de / Translation fr – ge — Mathias Althaler, Isolde Schmitt
Übersetzung de – en / Translation ge – en — Susannah Leopold
Lektorat, Korrektorat deutsch / Copy editing, proofreading German — Eva Guttmann
Korrektorat englisch / Proofreading English — Susannah Leopold
Assistenz / Assistance — Clement Gay, Sandra Freudenthaler, Mario Stefan
Gestaltung / Design — Margit Steidl
Grafiken / Graphics — Mario Stefan, Clement Gay
Druck / Printing — Medienfabrik Graz GmbH

Park Books AG
Niederdorfstrasse 54
8001 Zurich
Switzerland
www.park-books.com

Park Books wird vom Bundesamt für Kultur mit einem Strukturbeitrag für die Jahre 2016–2020 unterstützt.

Park Books is being supported by the Federal Office of Culture with a general subsidy for the years 2016–2020.

ISBN 978-3-03860-165-4

TU Graz
145 Institut für Städtebau

ARTGINEERING

URBA Research

Bildnachweis / Picture credits

6, 7 — Cidade da Gente Dragão do Mar / Fortaleza, Ceara, Brazil; Design: Skye Duncan and Eduardo Pompeo (NACTO-GDCI), Beatriz Rodrigues and Thais Paiva (Bloomberg Initiative for Global Road Safety) and Mariana Gomes and Hannah Silva (Fortaleza City Hall); Pictures: Fortaleza City Hall
15 — from L. Benevolo: Die Geschichte der Stadt
16 — from P. Panerai, J. Castex, J.C. Depaule: De l'ilot à la barre
17 — from K. Lynch: The View from the Road
19 — from R. Venturi et al.: Learning from Las Vegas
39, 47, 61, 75, 89, 127, 141, 149, 177, 184, 190–193 — Martin Grabner
43, 51, 153 — Artgineering
57 — Jean-Dominique Billaud / Samoa
65 — Kaspars Kursiss
69 — zwoPK landschaftsarchitekten
79 — Zara Pfeifer
83, 145 — Filip Dujardin
93 — Adrià Goula
97 — Pleinbioscoop Rotterdam
101 — gagaone / https://carnet-aux-petites-choses.fr/wp-content/uploads/2014/09/Jardins-du-Ruisseau-Petite-Ceinture-18eme50_gagaone.jpg
107 — DELVA Landscape Architects | Urbanism with Metabolic Label, Space & Matter and Studio Valkenier
111 — Stefan Cop
115 — LAMA
119 — Jan Bouwhuis
123 — Bart Gosselin
133 — Hertha Hurnaus
137 — Lacaton & Vassal
160, 170–173, 198, 203, 210–213 — Michiel de Cleene

Dank an / Thanks to — Dr. Jean-Charles Coche, Dr. Peter Schemmer, Dr. Martina Lemmerer, Tilo und Koba